河内和子 *Kazuko Kawachi*

ホームステイのイタリア

ばぁばの一人旅 **Grandma's Solo Trip to Italy**

はじめに

一九六〇年に製作された成瀬巳喜男監督の「娘・妻・母」に登場する母は六十歳、パーマっけのない半白の髪をひっつめにし、地味な大島の着物に赤いちゃんちゃんこを着て、子供たちに還暦を祝ってもらっている。夫とは死に別れ、住んでいた家を売らなければならなくなり、息子や娘の家を順番に泊まり歩くか、老人ホームへ行くかの選択に悩んでいる。

二〇〇六年、妻・母・祖母の私は六十八歳。夫は健在。還暦のときのホームパーティではちゃんちゃんこは着なかったが、赤いハンドバッグをもらった。息子は四十二歳、独身で、海外勤務、娘は三十九歳、夫と死に別れ、仕事をしながら十三歳の息子と十一歳の娘を育てている。

孫たちは毎週末を我が家で過ごす。私の頭にはまだ老人ホームのイメージはない。頭にあるのは七回目となるイタリア一人旅のプランのことだ。毎日パソコンを開き、メールを読み、ネットをのぞく。海外のメールが郵便より早く届くので、海をへだてた外国の距離は苦にならない。

目下、幸いなことに体調は安定。コレステロールが高いぐらいで、持病はなし。イタリア人は私のことを五十代にしか見えないと言ってくれる。

四十六年のあいだに、寿命は伸び、ライフスタイルはこれほど変わった。

「娘・妻・母」の映画のころ、娘であった私は、女子大学の英文科を卒業したばかりであった。仕事をする女性が少しずつふえてはいたが、就職したクラスメートは三分の一程度で、その人たちも含めて、おおかたは結婚が目標だった。

私は社会勉強程度の仕事、大学教授の秘書をしながら、花嫁修業をしていた。

小学校六年から、女子大の付属に入り、ずっと同じ学校で過ごして、世間が肯定することを守っていれば安心ということが身についてしまっていたようだ。イタリアの作家、スザンナ・タマーロの『心のおもむくままに』の中に《年がたつにつれて、わたしは別の人間になるためにわたし自身を、わたしのもっとも深い部分を捨てた。父母が期待する人間になろうとして。ある人物像をつくるために、わたしらしさを置き去りにした》という文があるが、これに近い状態だったのだ。

心の奥底に、もっと違うことを望んでいる声があるのに気づいてはいたが、耳を傾けないようにしていた。

二十四歳のとき、見合い結婚。二人の子供も授かった。三十歳のとき、夫のアメリカ駐在が決まり、イリノイ州のエヴァンストンで、四年暮らすことになる。眠りかけていたものが目覚めたのはこの時期である。それまで、だれだれちゃんのお母さん、河内さんの奥さんと言うアイデンティティーで呼ばれることが多かった生活が一変したからだ。ちょうど中西部でフェミニズムが台頭した時期でもあった。まわりのアメリカ人は和子という私自身に向かい合おうとした。経歴の一項目にすぎなかった英文科卒が、脚光をあびた。英語が役に立ち始めたのだ。

とはいえ、六歳の長男は言葉の壁にたちはだかれ、笑顔を見せなくなり、下の二歳半の長女は毎日泣いてばかりいた。二人がようやく新しい環境に適応するまでの半年以上、ストレスに負けずにいられたのは、湧きあふれる好奇心と向上心に支えられていたからだと思う。まだ日本にマクドナルドもなかった時代である。食料の買い出しでさえ目を奪われてばかりだった。毎日が発見と冒険と勉強の連続だった。

外は零度C以下、外出がままならない厳寒の日は、会話に慣れるためにいろいろなところに電話をし、品物の情報、配達の有無や、時間帯やらを質問して、自分の英語が通じることに喜びを感じ、相手の早口の英語を理解することにスリルを味わった。

夫の各州をめぐる出張がつづき、子供たちと三人だけで、一週間を過ごすことも少なくなかった。日本ではありえないような決断をしなければならないときも多く、自分と向かいあうことを余儀なくされた。

外国に生活を移動することにまつわる、コミュニケーションの困難をのりこえようとする努力、そのことがあらたな生きがいとなり、生活の変化が喜びに変わる体験を味わえたのである。

帰国後、滞米生活で得た体験を生かしたいと、仕事についた。日本語教師を十年、小説の翻訳を十年、収入を得るということは、新たな喜びではあったが、主婦業との両立は容易ではなかった。慢性的な肩こりをやわらげるために、絶えず指圧やマッサージに通っていた。それでもこのときの収入の一部を蓄えていたからこそ、現在の一人旅が可能になっている。

《六十に手が届き、ふり返る道がこれからの道よりずっと長くなるころ、それまでに見えなかったものが見えてくる》ふたたびスザンナ・タマーロの言葉である。

日々短くなりつつあるこれからの道の途中で、あの自己実現をからだ一杯で体験していたアメリカの生活をとてつもなくなつかしみ、貴重に感じるようになった頃、思いがけない出会いがあった。そのことをこれから語りたい。

ホームステイのイタリア
ばぁばの一人旅

目次

第二部 83

ホームステイのイタリア

ばぁばの一人旅

第一部

第一章　イタリアと出会う

六十四になるまで、イタリアを知らなかった。海外旅行はあちこちしたが、イタリアは最後でいいと思っていた。スリに遭《あ》った、ひったくりにやられた、マフィアの撃ち合いを見たといったコワイ話ばかり耳に入るし、英語はあまり通じないと聞かされ、気が進まなかったのだ。幸い、夫が、定年退職したら一緒に行ってやるよ、と言ってくれたので、それを当てにすることにした。

ところが、そのときはすぐには来なかった。娘が夫に先立たれるという悲劇が起き、二人の孫のために、じぃじとばぁばの出番がひっきりなしとなったからだ。さらに、そこへ親の介護も加わり、超多忙な日々が続いた。

親たちを見送り、孫たちも小学生になって、ようやく時間ができたのに、七十歳をむかえた夫は、朝起きるたびに、体のあちこちが痛いとわめく。ついに、もう長時間の飛行は耐えられない、いくらでも留守番するから、一人で行ってくれ、と宣言。

仕方がないので、熟年旅行に一人参加したのだった。

参加者は二十一名、その一名が自分とわかって、やっぱり一人参加をする人なんかいないのか、と弱気になり、添乗員に電話してみた。

「食事どきなんか、一人ぼっちにならないでしょうかね?」

「大丈夫ですよ、それに参加者中、河内さんが一番お若いんですよ」

最年少だからこそ、一人で行ける、張り合いをもらったような気がした。しかも一人部屋を無料でもらえるという幸運にも恵まれた。

ミラノで初めて四十分の自由行動が許されたとき、ガレリアから、モンテナポレオーネ通りあたりを、一人で歩き、子供服の店をみつけて、孫娘のためにTシャツを買った。緊張はしていたが、こわくはなかった。斜めにかけたバッグが右の腕にいつもふれるようにしながら、ほかの通行人のリズムに合わせ、前を向いてしっかりとした歩調で歩く。地図を調べたくなるときは決して道路上で開かない、店や教会に入ってからにすることを守った。スキを見せなければいいのだ。若い女性と違って誘惑される心配もない。自由が丘のバーゲンで買った、ポケットだらけの二千円のバッグを肩からかけ、インド綿のシャツ姿のばあさんが注目されることなんかあるわけもない。イタリアはこわいところじゃなかった。

ヴェネチア、ボローニャ、フィレンツェ、シエナ、ローマ、ナポリ、移動のバスの車窓から見る五月のイタリアの空はさわやかに晴れ渡り、ぽっかり浮かぶように咲いている泰山木の花、直立する糸杉の緑、道端に咲き乱れるヒナゲシの赤や、フォーセシアの黄色がこれまでに見たことのないほど鮮やかに目に入った。景色を見ているだけで、幸せな気分になる。花々も木々も地上にいるのを喜んでいるように見えた。『眺めのいい部屋』という映画の中で、若者がトスカーナの自然の中で踊りだした理由が始めて理解できたのである。

これでもか、これでもかとばかりに繰り広げられる文化遺産、人間の手が極限に挑んだ創作の数々、そしてそれを数百年ものあいだ、保存しつづけてきた国民の努力を思いながら、見れば見るほど魅了され、感動していた。

フィレンツェで、午後、全員がオプショナルの小旅行、ピサへ行くとき、私はひとりで残りたいと申し出て、許可を得た。一時から四時までの三時間、たっぷり一人歩きができる。胸がはずんだ。

まずはアカデミア美術館で、ミケランジェロのダビデ像をじっくりと見る。団体行動でぞろぞろと歩きながら見る感覚とは全く異なる静かな感動があふれてきた。後方ななめの場所に座り込んで、うっとりとみとれている日本人の中年女性と話をした。「この角度からのダビデがなんともいえないほど美しいの」と彼女は言った。個人旅行で何度もきているひとだった。

そのあとは買い物を兼ね、フィレンツェの迷路のような通りを果てしなく歩き回った。どの角度をとっても絵になるような路地を、ぐるぐるめぐるうちに面白そうな店に出くわした。ドアのハンドルばかりを売っている店。そういえば居間のサイドボードの取っ手が壊れていたっけ。英語でたずねたが通じない。するとその主人が息子らしい人を呼んでくれた。彼の英語も怪しかったが、図を描いてみせると、見本を次から次へと見せはじめて、フィレンツェの百合の花をモチーフにしたデザインの一対を選ぶことができた。自分の店の商品に誇りをもって、商いを楽しんでいる、という印象だった。

四時に添乗員の女性と待ち合わせていたので、シニョーリア広場のカフェでカフェマキアートを飲みながら、一人でいることの解放感に浸った。

気の合った友達と一緒の旅の楽しさは若いときのものである。六十を過ぎると、自分自身を気遣うことが多すぎて、だれかと一緒の旅は、健康状態、経済状態、そして食べ物の好み、趣味、関心などといったものがよほど共通していないと、楽しい旅は得られない。仮にそういう相手が見つかったとしても、その人の都合と自分のスケジュールが合うとはかぎらない。本人の体調に左右されるし、本人は元気でもファミリーのだれかを介護中だったり、孫のシッター役で拘束されていたりもする。

それに石畳を歩くことが多いイタリアで、転ばないように足元に用心するのも、犯罪に遭わないようにするために、気を抜かないようにすることも自分だけで精一杯だ。気の合う人とのおしゃべりが災いをまねきかねない。その点、一人は気楽だ。慣れさえすれば、心細さは無縁となる。博物館で時間の制約なしに、好みの作品をじっくり見入る。徒歩でまわれる、申し分のないサイズのイタリアの街を、気分次第でぐるぐる歩き回る。

そうだ、この次はイタリアに一人で来よう。きっと来られる、来てみせると心が叫んでいた。

旅行に出るまえは、ともかく行ったという経験があればいい、程度に考えていただけだったのに、まさかこれほどハマってしまうとは。

残りの人生の生きがいを見つけたという気がした。

第二章　イタリア語修行

まずはイタリア語の習得から。

英語が通じにくいなどという不遜なことは言うべきでない、文化遺産と共存しながらつましく暮らしている人たちの言葉を、こちらが習わなければと思った。

六月に帰国し、すぐに学校探しを始めた。夏休みにどこかで集中講座を受けられないものだろうか？

インターネットで検索し、あちこち電話しまくり、結局、授業料も妥当、大使館の付属施設だから、講師陣も信用できるのではないかと見込んで、九段にあるイタリア文化会館のコースを申し込んだ。

渡されたテキストは『ウン・ヴィアージョ』、若い女性二人がイタリア語のクラスに入り、二人で計画してイタリア旅行を成功させるという想定になっている。

先生は私の娘と同年齢のシニョーラA。日本人と結婚していて、日本語はペラペラ、二人目を妊娠中で、はちきれそうなおなかをしている。彼女の教え方は徹底していた。テキストを何度も読ませて、日本語に訳し、あとは練習問題をするだけ。どんな質問もOK。日本語で応えてくれる。

でもこれって、外国人の大人の生徒に対する言葉の伝授方法とは思われない。まるで母国の小学校の授業なみだ。

日本語教師の経験に照らし合わせて、その違和感が次第にふくれあがった。母国の子供たちに伊語を教えるのと、外国人の大人の生徒に伊語を教えるのとでは、状況が全く異なる。なぜなら、外国人生徒は各自の母語で育っているからである。教師がいくらその生徒の母語に通じていても、伊語と生徒の母語との構文のズレを把握し、意識しながら導入していかなければ、よい授業にはなりえない。教師が翻訳しながら授業を進める対訳法は、教授法が簡単で意味が明確には伝わるが、生徒の表現能力を高めることはおろそかになる。

二週目に入っても相変わらずの教授法なので、思い切ってかけあってみた。

「もうすこしパターン・プラクティスしてもらえませんか？」

「パターン・プラクティスって⁇」と怪訝そうな顔。

パターン・プラクティス、すなわち文型練習は主な構文を黒板に書いて、主語を変えたり、動詞を変えたりしながら、生徒主導に文の構造を把握させ、使いこなせるようにさせる語学授業には必須の導入法なのである。

授業は進んで、疑問詞が出揃ったが、教師が質問するばかりで、生徒はいつも応える側。現実の会話では質問が出来るようになってこそ、会話が成り立つのに、疑問文をつくる練習もない。それなのに、二、三人でグループとなり、自由会話をつくって発表しろ、などと言う。

「先生、無理ですよ。せめてシチュエーションぐらい与えてくれないと。お互いもよくわかっていない同士が、思いつく会話はありすぎて一致させることだけでもむずかしいと思います」

クラスで最年長、ばあさんのクソ度胸でこわいものなどなく、思ったことはすぐ口をついて出てしまう。

シニョーラ、ウーンとうなって、場所、時間、登場人物などの条件を出すようになった。

いろいろ不満をかかえつつ、それでもやめずに週二度、炎天下にあの九段坂を汗びっしょり、ペットボトルをかかえてのぼり、最後まで休まず通ったのは、イタリア語が面白くてたまらなくなっていたからである。

英語に似た単語が多い。それに愉快な音の組み合わせの言葉が多い。たとえばノイオーゾ（つまらないという意味）はノイローゼみたいだし、ウミィディタ（湿度の意）はウミが出た、を連想すればいい。名前は何々というシィキヤマ……は、聞くたび、旧知の関山さんの顔が浮かぶ。

文の組み立て方も、主語を省略する会話が日本語に似ているし、疑問文も語順を変えないですむ、否定文はｎｏｎをつければよいなど、まずは基礎の部分が楽に入っていけた。さしあたってむずかしいのは二人称が、親しい人への言い方と、そうではない相手のときと変わることだ。その違いを最初の導入の部分で一番練習させてほしかったのに、と恨めしく思うのである。

六十を過ぎて、数や、曜日や月の名など、覚えられるかと不安だったが、この暗記の部分はあまり困難は感じなかった。脳細胞はまだ吸収可能だった。間に合ってよかった。なにか見えない運命の導きを感じるほどに、没入していけたのは不思議だった。

ある程度わかってきたのは、教師に多くを期待するより、習う側がかなりの努力をしなければ習熟はむずかしいということ。一週間に一時間半の授業に加えて、毎日、ＮＨＫのラジオ講座を聴く。何回も同じ言葉を耳にするという効果の大きさも悟った。ヒヤリングの宿題でＣＤを何回も聴《き》いていると、はじめはちんぷんかんぷんでも十回ぐらい聴くと、次第にもつれた糸がほぐれるようにわかりはじめ、ダイアログも頭にはりつくようになる。

夏が終わり、十月からあらたに三ヶ月コース、教師は変わってミラノ出身の男性で、教師経験の豊富な人らしく、文型練習を毎回させてくれるようになった。だが、彼は親切すぎて、「こういう言い方もある、ああいう言い方もある……」といったテキストに出ていない、付随する知識まで加えようとする。必要なのは、テキストに出てくるだけの語彙《ごい》の反復と、動詞の活用、代名詞の変化、その唱和、反復で十分なのに、と思うことがあった。

一月から三月まで、今度は、ナポリ出身の若い男性が登場。彼、ピザ屋のカメリエーレみたいな風貌で、日本語も片言なのだが、意外にもこの人は実に教え方が上手だった。まず、彼が生徒に問いかけ、その生徒が答え、同時に同じ質問を他の生徒に振る。それをピンポンのように繰り返す練習がとてもためになった。若い男性生徒がよく眠れなかったと言うと、すかさず"Con chi?（だれと?）"などと茶々を入れ、笑わせる。ユーモアあふれる授業で楽しかった。

生徒の母語を流暢に話せなくてもいいのだ。

今もう一度、日本語を教えることがあったら、以前よりずっといい授業ができるだろうに。自分が生徒になってみて初めて、語学授業でなにが一番肝心なのかがわかったという気がした。

第三章　旅行プラン

イタリア語講座テキストのページが残り少なくなるにつれ、心はもうイタリアに飛んでいた。会話の要領は一通り学んだ。現地で果たしてすぐ口をついて出るかどうかはまだ心もとないが、イタリア語しか話さない人を前にしても、どうしようという不安はもう感じずに済む。

とはいえ、ただ一人であちこち見て回るという気にはならない。いきなり留学というのも無謀な気がする。まずはゆっくり暮らすように旅をしながら、語学や料理などを学びたいという思いが強くなっていた。

一番気になることは食事である。最初のイタリア語教師シニョーラAが、したり顔で言った言葉が頭の中に張り付いていた。

「イタリアじゃあね、レストランに一人で来ている女はいないのよ。みんな連れがいてね、がやがや話しながら食事するの」

この言葉をまったく鵜呑みにしたわけではないが、イタリアでの初めての一人旅で、いつもレストランで食べるのは避けたい。好奇の目で見られるのはもちろんいやだが、どのような料理が、どのくらいの分量で出てくるのかわからないのが一番不安である。六十を越すと、いくらおいしいものでもたくさんは食べられない。緊張しながら、食べるとなると、おいしさも半減するし、食事が義務的になるだけである。

一番のぞましいのはホームステイだが、どうやって探せばいいのか？

そんなとき週刊誌に、これだ、ととびつきたくなる情報が載った。イタリアのアグリツーリズモ。アグリ＝農業、ツーリズモ＝観光、ということで、宿泊設備がある農家が、改造してホテルとなっているものもあり、大自然の中でゆっくりすごしながら、地方色豊かな、いわゆるスローフードの世界を満喫できるというのである。一泊二食つきの値段も一〇〇ユーロ以下と、リーズナブルである。問題はロケーションで、ほとんどが駅から遠く、バスで行けるところが少なく、交通手段は車しかないという点だ。

アグリツーリズモの宿はサイトのあるものが多いので、ネットで詳しい情報を見ることはできる。英語ＯＫというところもあるから、メールで交渉することは可能である。だが地理に不案内なのと、知識が十分でないという不安から、選択に時間がかかりそうだ。イタリアには詳しいという日本の旅行代理店も当たってみたのだが、この分野の情報があるところはなかった。

　こうなると、このような不安を解消し、プランニングの手伝いをしてくれる、これはという手がかりはネットで探すしかない。

　時は二月、旅行の予定を四月ときめ、「イタリア旅行」を検索してみた。出てくる、出てくる、クッキングや語学留学のためのサイト、体験談、サッカー見物や、アウトレットなどの買い物旅行のためのプランニングなど。イタリア在住の旅行業者のサイトも見つかったので、片っ端から開いてみて、その中で、ひときわ目がひきつけられたのが、フィレンツェのエージェントの「テイラーメイドの休日をイタリアで過ごしたい、好奇心旺盛の旅人へ」のタイトル。こちらの意図をまさしく言い当てている。

　会社紹介のスタッフという項目をクリックしてみた。ガイド担当、ドライバー、シェフ、トレッキングのプロ、いずれも写真と経歴などがのっていて、最後に日本人担当の女性の写真があった。ピンクのスカーフを首にまき、ストレートの髪を短くカットした、いかにもイタリア暮らしが身についている風貌である。さっそくメールしてみると、直ちに返事がきた。

《六十代の一人旅、ステキですね。上手に歳を重ねていらっしゃる印象をお受けいたします。ぜひトスカーナの自然に囲まれてゆったりとお過ごしください。ご希望にそうよう、ご旅行の御手伝いを喜んでさせていただきます》

　という書き出しに始まり、旅行の予定日、イタリアの旅の経験、フィレンツェの観光の詳細、トスカーナで特に行きたいところ、こちらの興味や趣味、各種あるアグリツーリズモに対するこちらの滞在希望のイメージ、フィレンツェの宿は屋敷を改造したペンシオーネを薦《すす》めたいという意向なども含めて、こちらの要望をくまなく知ろうとする、打てばひびくような質問が十か条ほど、ならんでいた。

Eメールの利点は即効性である。この人はそれを叶えてくれる人だという直感があった。アグリツーリズモに関しては、五か所ほどの詳しい紹介の資料が添付で送られてきた。いずれも彼女の翻訳で、日本語だったが、サービスの詳細、値段、実にわかりやすかった。それでもどこにしてよいやら、判断はむずかしい。彼女にアドヴァイスを求めた。ダ・ヴィンチの故郷、ヴィンチ村の通称〔ミモザ邸〕をすすめるという、返事がもらえた。じつはこちらもこのホームステイに一番魅力を感じていたので、彼女の勘の鋭さに驚いたのであった。

この日本人担当者、N子さんとおよそ二十数通のメールを交わし、旅程は決まった。四月初め、レオナルド・ダ・ヴィンチの故郷、ヴィンチ村でイタリア語のレッスン付きホームステイ八日間、そのあとフィレンツェ二泊、ボローニャに一泊して帰国。

最後がボローニャになったのは、フィレンツェ発のフライトが満席だったからである。早朝七時ごろというフライトのみ可能だったが、五時起きはつらい。個人旅行だからこそ、高齢者にむいているゆったりした予定にしたい。そこで、列車で一時間移動し、ボローニャから発つことにした。

実はこのボローニャ、熟年旅行で立ち寄ったとき、観光のための街にはない、生活している人でいっぱいの活気に魅せられていたのである。もし留学するなら、ここだ、という予感もあった。すでに情報は得ていたので、語学校を見学するよい機会かも知れない。ボローニャの一泊は有効に過ごせそうだった。

こうしてこのフィレンツェのエージェントに、手配してもらったのは、宿泊の予約、フィレンツェ＝ヴィンチ村間の交通、フィレンツェのペンシオーネの予約、フィレンツェ＝ボローニャ間のユーロスターの切符、ボローニャのホテルの予約、以上である。往復のフライトの予約は大手の格安航空券の会社をあえて使わず、イタリア専門の小規模の代理店に依頼した。そこでは列車に乗る際に必ず必要な日時刻印の箱の写真まで見せてくれるという、きめの細かいサーヴィスが得られた。

路線は敷かれた。これを失敗なく、有意義に使って旅を成功させられるかどうかは、自分の実行力次第である。

第四章　広がる不安

二月にプランを始めて、思いついたことを進めていっただけなのに、とんとん拍子に事が運び、旅程が決定したときには誇らしさとうれしさでいっぱいではあったが、時折これでよいのだろうかという懸念が頭をよぎることがあった。

というのも、パソコンを使いこなしているという自信がなかったからである。

ある国際婦人クラブに所属して、二十数年になるのだが、四、五年まえから、Eメールによる連絡がふえ、メール・アドレスのある会員が七十パーセントを超えた。もともとメカ能力欠如なので残りの三十パーセントから抜けだすつもりはなかったのだが、奨学生の選考委員となり、情報をワードで作成し、フロッピーに入れて提出しなければならなくなったのが、パソコンをあやつるきっかけだった。

夫に立ち上げてもらって、以後二年、メールのやりとり、添付の保存、自分の所属するクラブのサイトの点検から始まり、ネットをのぞくようになり、情報を得たりはしたが、今回のような利用は初めてだった。出発予定日まえ、わずか二ヶ月で、プランをつくりあげることができたのも、Eメール利用の敏速性に頼れたこそである。但し、便利であることの裏側に広がる世界のことはわからないままであった。それを調べるひまもなく、必要にせまられることがないのをいいことに、あえて目をそらしていたのである。

三月のある日、ふとテレビで午後のワイドショーを見ていたら、《ネットの旅行業者のサギ》という言葉が耳にとびこんだ。個人旅行を望む客の心を巧みにとらえるような架空のプランを売り込み、高額の支払いをさせるように仕組む犯罪が横行している。手口が巧妙で、ネットを通じての捜査はむずかしいため、泣き寝入りが多いという。

ドキリとした。

確かに心を巧みにとらえるプランが並んでいた。そういえばN子さんの写真は、タレントのムラカミリカコにそっくりだ。N子さんのフルネームもひらがなというのも気になる。会社スタッフの部分をプリントアウトしたら、なぜかエージェントの女性代表者、フィレンツェ人の写真だけが、印刷できなかった。それにヘッドオフィスがアメリカなのはなぜなのだろう？　ふいに疑問がいっぱい湧いてきた。でもあの十数ページにわたる添付資料、あのくわしいサイト、あれらがすべて架空のものだろうか？

直接相手に問いただして、説明を求めることはできるし、これまでの利用者を紹介しろという要求をしてもいいが、巧妙なサギを企てる相手なら、嘘は限りなく続くだろう。まともな相手であるなら、せっかくこれまでよい関係を築いてきたのだから、こちらの出方は慎重にしなければならない。まずは間接的に調べてみることだ、と思った。

たまたまパソコンのワードのコースを受講していたので、教師に海外の業者を調べる方法を訊《き》いてみた。応えはノー。パソコンの操作法しか知らないのだった。

国際婦人クラブでパソコンの達人といわれる人に尋ねてみた。

「そういうことでネットを利用したことはないの」と、にべもない返事。

カルチャーセンターで教わったことのあるイタリア通の先生に電話してみた。「さぁーね。フィレンツェ在住の日本人を探して訊いてみたら?」……どれも否定的な返事ばかり。

親しい友人に打ち明けてみた。

「あなたって、ずいぶん勇気があるのね。ネットに出している業者なんて気をつけたほうがいいんじゃない?」。足を引っ張る感じである。

そうだ、ヘッドオフィスがアメリカなのだから、アメリカ人に検索してもらおう。さいわい、パソコンを自由自在に使いこなして、趣味を広げているアメリカ人を知っていたので、検索を依頼した。だが、これといった情報は出てこないという。しょげている私をみかねたのか、彼女は言った。「カズコ、ネット・ピープルの九十パーセントはいい人たちよ」

黒雲の一部が晴れたという気がした。

最後に夫に相談した。聞き役が大の苦手の、気短な夫であったが、それでも最後まで、相槌も打たず、口もはさまず聞いてくれた。

「それで、損するとしたら、いったいいくらぐらいなんだ？」

「さあ、二十万ぐらいかしらね」

「なぁんだ。それぽっちか」

バターを買うときはいつも十円でも安い店をさがしまわる彼が、そう言ったのだ。

「家が抵当に入ってるってわけじゃあるまいし、それぐらいですむのなら、自分の判断を信じることさ。何がおきても、きみなら対処できる。これまでだってそうだったじゃないか」

迷いは消えた。その勢いで、N子さんにメールし、支払い方法の詳細、本社がニューヨークにあるのはなぜかということを率直に訊いてみた。クレジットカード番号、署名を入れる予約フォームはファックスで送ってほしい、本社をニューヨークに移したのは今年からで、顧客によりスムーズなサーヴィスを提供するため、という回答に少し安堵した。クレジットカードの番号をファックスで要求されるかどうかというのは判断基準の一つだと、アメリカ人が言っていたし、イタリアの銀行業務の遅延はよく知られているからだ。この上疑い出せばきりがない。そう、あとは六十数年間生きてきて、培《つちか》ったカンに自信を持とう。

翌日から旅支度にかかった。

第五章　旅立ち

仕度にかかってまず考えたのは、スーツケースをどうするか？　これまで使っていた大きなサムソナイトをもっていく気はなかった。今回の旅は最後に列車に乗らなければならない。イタリアの列車のステップは高いと聞いている。重いスーツケースを持ち上げられなくて、よろけて転ぶ自分の映像がとり憑いて離れない。

持ち運びが容易な軽量の中ぐらいのスーツケースを購入、あとは手持ちの大き目のフライトバッグ、この二つで行くことにした。

貴重品をどこに入れるか。熟年旅行のとき、添乗員が毎朝、パスポートと貴重品があるかどうか胸に手をあてて、とチェックするのが習慣だった。パスポート、貴重品は肌身につけるのが当然とされていたのである。今回の旅はホームステイが主であるから、さしあたって心配することはないが、フィレンツェとボローニャでは、ペンシオーネとホテルに泊まる。

そのときは肌身につけておくのが安心というものだ。そこで、キャミソールを二枚購入し、パスポートが入る大きさのポケットを自分で縫い付けた。マジックテープもつけて、中身が落ちないようにする。

高齢者は薬を各種持っていかなければならない。若い人たちと違い、もしものことが起こった場合、自分に合った薬で応急手当するのが必須であるからだ。目薬、誘眠剤、風邪薬、抗生物質、頭痛薬、胃薬、下痢止め、常備薬のコレステロール降下剤、肩こり、筋肉痛の軟膏など、専用のポシェットははちきれそうになった。

なにかの事故がおきたとき、連絡してほしい人の名簿も後に残した。帰国後のブリッジトーナメントの約束が四つもある。今回の旅行手配を証明する、エージェントとやりとりしたメールも印刷してまとめた。パスポートとクレジットカードの番号、カード会社の電話番号などのコピーを自宅用と自分用につくる。遺言も残そうかと思ったが、そこまではしなかった。

最後にふだんさぼっていた衣類の整理、戸棚の掃除や、冷蔵庫の掃除や、自室の片付けなども、勇気をだしてやりとげた。発つトリ跡を濁さずである。

四月四日、昼間のエールフランス航空機で出発。

機内は満員だったが、運良く一番まえの座席だったので、足がのばせて楽ができた。シャル・ドゴール空港で、フィレンツェ行きに乗り換えねばならない。降りるまえにコレスポンデンスというサインをたどればよい、と教わっていたのだが、歩くこと、歩くこと。そのうち、サインが消えてしまったので、Dという搭乗口の場所を四回ぐらいたずねつつ、階段を上ったり下ったり。二十分以上歩いて、ようやく地下のバス乗り場にたどりつく。フェンディーのマフラーを巻いた、中年のヴィットリオ・ガスマンみたいな男性が立っていたので、あそこだ、と近づいたら、当たり。フィレンツェ行きの受付場所であった。

そこから更にバスに乗り、十分くらいぐるぐるまわって、小型飛行機に乗り込む。熟年の日本人の夫婦客と並んだ。そのご主人、しごくぶっきらぼうだったが、旅程の話になったら、きゅうに饒舌になり、全部自分で企画したという三週間のイタリアめぐりについて話し始めた。奥さんのほうは疲れたような表情で、仕方がないからついてきたという感じ。夫の話に苦笑している。持参したボローニャの学校のパンフレットを見せたら、そこについていた山上の教会のような写真をみて、「ここ、ここ！　ぜひ行ってみたいところなんですよ」と言ったのには驚いた。イタリアをよく研究しているのだ。

フィレンツェのホテルの話になり、私がホームステイだというと、意外だという顔をした。ああ、迎えはきているだろうか、ため息をのみこむ。でも、もし、出迎えがなく、あの疑いが本当になったそのときは、東京に連絡、ほかのアグリツーリズモに電話すればいい、その準備はしてきた。

小さな飛行機はひどくゆれて、気分がわるくなりそうだったが、無事にフィレンツェに到着。バゲージはすぐに出てきた。胸をどきどきさせながら、出口に進む。いた!!　浅黒い中背のイタリア人が、大きな紙を広げて待っている。そこにはしっかりと“Signora Kazuko Kawachi”の字が読めた。

第六章　日記

四月四日（金）夜

出迎えの車の後部座席にゆったりと背をあずける。車窓から仰ぐトスカーナの夜空は安堵のせいか、とてつもなく大きく感じた。雲がかすかに流れ、星がまたたき、三日月が顔を出している。

ドライバーは親子づれで、息子が運転、特訓中という父親が指示を出している。デストラ（右）、シニストラ（左）というイタリア語が理解できた。ハイウエイをはずれると、街灯もない暗闇の山道、およそ一時間のドライブで、ようやくミモザ邸に着く。丘の上にそびえる館、前にミモザの樹の影がゆらいでいたので、それとわかった。

戸口に出迎えてくれたのは、マンマのシルヴィアさん。ヴィンチ村の中学で英語を教えている。ソヴァージュの〝ミセス・ダウト〟が少し細めになったような人。やさしい笑顔にほっとする。二階から降りてきたヒゲのオジサン、ご主人かと思ったら、息子のロレンツォさんだった。やがて夫人の半分ぐらいのやせた老紳士があらわれ、この人がご主人のアレッサンドロさん。マンマと息子さんだけは英語を話すと聞いていたが、イタリア語まじりでやっと会話成立。疲れていたので、ことわって、すぐ寝室へ。

二階の左奥、十畳ぐらいの広さの部屋、中央にダブルベッド、彩りの柔らかな柄のキルトがかけてある。戸口の正面に窓、アンティーク・レースのカーテン、大きな木製のクローゼット、そろいの化粧台、インテリアに全て満足、シャワー室も広くて明るそう。表に面した窓がついている。十一時近く、衣服の整理をすませ、シャワーをあびるのもやっとで、ベッドにもぐる。

ところが夜中に風の音と寒さでめざめた。毛布がほしい。クローゼットの中にはなかった。なんでも言ってくれ、とのことだったが、起こすのにしのびず、キルトを二つ折りにし、重ね着し、靴下をはき、マフラーをまいて寝た。イタリア語でオタオタ話す夢を見ながら。

四月五日（土）晴れ

トイレに二度も起きたけれど、よく眠れた。

朝食は寝室を出たところに広がるダイニング・ルームで。右手に小さいキッチンがついている。

横からバルコニーに出られるようになっていて、トスカーナの平原と、はるかかなたに雪をかぶった山々が見通せる。日当たりのよい、明るくて居心地のよい部屋。

あらかじめ、私の定番の朝食を知らせてあったので、シリアルとジュース、ヨーグルト、コーヒーがテーブルに用意されていた。

N子さんから電話。フィレンツェに着いたら、ぜひ代表者のイタリア人と昼食を招待したいと言った。

階段をあがる小刻みな足音が続き、ドアがあいて、シェパードとリトリバー、二匹のイヌが挨拶にきた。あと、ネコも四匹いるそうだ。動物好きなので退屈せずにいられるだろう。

ミモザの花はもう散っていたが、庭にはハーブ類の畑もあり、色とりどりの花が咲き、池もあって、散策をさそうたたずまいである。

マンマは一時半まで学校なので、車に乗せてもらってヴィンチの街で時間を過ごすことにする。

十五分ぐらいのドライブ。街の中ほどの公園で下ろしてもらい、そこでまたピックアップしてもらうことにする。街全体がなだらかな丘陵だが、ダ・ヴィンチの博物館は丘の頂上にそびえる中世の古城の中にあった。ふもとにもう一つ博物館があり、そこは絵画作品に関する資料や複製などが保管されているらしい。らしい、というのは英語を話す館員の人がいなかったので、中を一通りまわって推量したのである。モナリザのコピー作品、ダ・ヴィンチの原稿のようなものがいっぱい展示されている。中の展示物よりも一番興味深かったのは、戸外の、博物館横にあるダ・ヴィンチの設計をもとにして作られた橋。釘をまったく使わず、丸太を組み合わせたものだが、実に素朴で美しい弧を描いている。

丘の頂上にあるメインの博物館、陳列されているのは、ダ・ヴィンチの発明を実物模型したものばかりであった。英語のテープ案内をかりたのだが、とても英語と思えないようなしゃべりで、聞き取りにくいので、途中からあきらめてしまった。自転車やグライダー、歯車、糸つむぎ車など、綿密なスケッチの設計図つきで、並んでいる。フランスから来たという小学校の生徒たちも教師に引率されて見学していた。イタリア語がもっと話せるようになったら、再訪して、質問をいっぱいしてみたい、と思った。

博物館の屋上のバルコニーからは、緑の濃淡の中に点在する赤屋根、ため息の出るようなトスカーナのパノラマが一望できる。

二つの博物館でおよそ、二時間を費やしたが、まだ一時間半ぐらいある。外のみやげ物店で、絵葉書、Tシャツ、カレンダーのついたしおりなどを買う。人通りは少ない。店もぽつりぽつり。東京のせわしなさと比べようがない。歩いている人は老人が多い。公園のベンチでマンマのシルヴィアを待ちながら、ゆったりした時間に癒《いや》されている自分を感じていた。

昼食は二時、階下のダイニングルームで家族と一緒。突然、片目が白濁した老女があらわれ、シルヴィアの実母だと紹介された。あらかじめ知らされていた家族に入っていなかったのはどうしてなのだろう。二匹のイヌがつきっきりである。盲導犬の役割もしているらしい。メニューはほうれん草のリゾット、白身の魚を煮たもの、パンとサラダ。細口のガラス瓶が二本、オリーブオイルと、バルサミコ酢が入っていて、サラダにはそれを適当に混ぜてかけ、ドレッシングにする。トスカーナのパンは聞いてはいたが固くて味なし。日本のパンがおいし過ぎるのかも知れない。リゾットも魚もとてもおだやかな味付けで、美味、おなかにやさしいという感じがした。

四時から七時まで三時間のイタリア語レッスン。一対一で、三時間は長い。自分だけに集中されるので、緊張し、反応がすみやかにならない。冠詞、名詞の複数、女性、男性形がゴチャゴチャになっている。勉強不足があらわになった。疲れたので、二十分早く切り上げてもらった。

八時の夕食、アナログのレコードがかかっていて、トスカニーニ指揮のベートーベンが鳴っている。タコとムール貝のパスタ、アーティチョークのコントルノ（つけあわせ）、パンは昼の残り。クッキングは男性群がしたという。ご主人のアレッサンドロが席をまわってサーヴしてくれる。グラーツェというたびに、プレーゴと律儀に応える。

甘いものを制限しているのか、デザートなし。アイスクリームか果物はどう？　と訊かれたけれど、他の人が食べないので、遠慮してしまった。でも料理の味はすばらしい。レストランとは違う、毎日食べてもあきない、手馴れた家庭の味である。

夜になって冷えてきたので、毛布をだしてもらい、シルヴィアから、スカーフとセーターを借りた。カシミヤのカーディガンを持ってくるべきだったとつくづく思う。

四月六日（日）晴れ

ホームステイのスケジュールの一つ、きょうは小旅行の日。ルッカとピサにドライブ。共稼ぎ夫婦の休息日なのに、なんだか悪いな、と思ってしまう。なぜだか私が助手席にすわることになった。シルヴィアと英語、イタリア語のミックスで話すのはむずかしい。イタリア語は、テキストになかった単語がなかなかおぼえられない。ネコのガットは記憶にあるが、イヌのカーネとかチキンのポッロとかがすぐ出てこない。語彙《ごい》不足を痛感する。

車窓からみる景色が美しい。マグノリア、ウイスタリア、フォーセシア、白、紫、黄色の花々がどれも満開、そしてオリーブ畑の薄緑の連なり、遠くにかすむ山々、なだらかな丘、なんと目にやさしい感動的な眺めなのだろう。

途中、ピノッキオの公園まえで降りて、バールに入り、コーヒーを飲む。トイレを借りたら、日本式なのでびっくり。まったくイタリアのトイレは色々である。水を流すときもボタンを押したり、上からたれているヒモをひっぱったり、ゆかの踏み板をふんだり、トイレに入るとまず、水の出し方を確かめるようになった。このバールに売っていたピノッキオの小さな人形をいくつか買い求めた。ピノッキオは幸運を呼ぶというので。

公園の中には入らず、また車に乗り込む。

ルッカの街は、ぐるりと城壁に囲まれている。労働者の家が多いが、プッチーニの生まれた街で有名なこともあって、けっこうしゃれた店などもあり、日曜で閉まってはいたが、ウインドウショッピングが楽しめた。大聖堂の中に安置されている、領主の妻、イラリア・デル・カレットの棺の彫像は気品ただよう美しさで、しばし見とれた。小聖堂の中にある、キリスト像の顔がだれかに似ている、そう、アレッサンドロだ。彼、ホーリーな人なのである。イタリア人にしては無口で、おだやか。シルヴィアとアレッサンドロ、この夫婦は五十六歳同士だが、とても仲がいい。

細い路地から路地をめぐりながら、シルヴィアと家族の話をした。息子のロレンツォ、二十六歳、大学にまだ通っているが、両親にとってはまだ結婚もせず、独立しそうにない彼が不安らしい。私が、我が家にも四十近い息子がまだ同居している。独身の男女がふえているのは全世界的傾向だというと、安堵したような笑みがこぼれた。

ピサに行く途中、レストランに入って昼食。トマト味のスパゲッティとミックスサラダを注文。手作りのトマトソースとは違うケチャップのような味付けで、おいしくなかった。サラダも山盛りが出てきて食べ切れなかった。これだからレストランは困る。どんなものがどれだけ出てくるかわからない。二人は肉料理を注文していた。食事中に、今夜シルヴィアの友人の家に招待されていると知らされる。ドライブの疲れが出ないかと、不安になった。

ピサは一山越えて到着。日曜とあって雑踏でごったがえしていた。スリに気をつけなければ。実際、一人の女性がジプシーの女の子の手をつかんで、叫んでいた。スリの現行犯らしい。

ピサの斜塔は頂上がまだ修復中。真っ白く塗り替えられたところが、もうポリューションで汚れてしまった、とシルヴィアが嘆く。一軒のベーカリーで、今夜の夕食招待のプレゼントに、大きなスポンジケーキ状の菓子パンを買う。私の贈り物として払わせてもらった。

帰りの道のりは長く感じたが、疲れているはずなのに、不思議なことに眠くならない。夫とのドライブだと、必ず居眠りが二、三度は出るのに。きょうの一日、至れりつくせりのドライブだったと思った。運転は性格が出るというが、アレッサンドロの運転は本当にリラックスできて、〝ペルフェット！（完璧）〟だったと言ったら、彼、ちょっとうれしそうだった。

五時半に戻った。八時に招待先に行くことになっているというので、十分前に階下で会うことにして、自室に入った。休もうと思ったが、たまっている洗濯をすることにした。シャワー室の洗面のシンクは大きいので、シャツ二枚ぐらいは洗えてしまう。簡易物干しもあるし、丈の高い暖房パイプが突き出ているので、オンになっているときに干しておくとすぐかわいてしまう。

洗濯をすましてベッドに足をのばし、テレビをつけてみた。映画の予告編の特集をやっていて、ハリソン・フォードやケヴィン・スペイシーがみんなイタリア語をしゃべっている。

この吹き替えビジネス、イタリアでは一大産業らしいのである。ショーン・コネリーの吹き替えイタリア版だけは聞きたくない、あの声が聞けないなんて、などと思っているうちにうとうとし、眠ってしまい、電話のベルで目がさめた。いけない、もう八時近くである。

あわてて出してあったフォーマルの紫の上下に着替え、イヤリングとブローチをつけ、口紅をぬりなおしたが、髪にドライアーをあてるひまはなかった。

シルヴィアもネックレスをつけ、おしゃれをしていた。外はすごい風、寒かった。ヴィンチの街にあるその家は大きな石造りの三階で、大理石の階段をくねくねと上る。いかにもイタリア人らしい彫りの深い顔の夫妻と、エヴァ・ガードナーの少女時代のような美少女が笑顔で迎えてくれた。まだ目覚めたばかりのぼんやりした頭に、いきなりのイタリア語の洪水で、ただ、ピアチェーレ（はじめまして）……というのがやっと。

インドのナンみたいにうすいパリパリのフォカッチャ、オリーブ、モッツァレラチーズ、プロシュート、ウズラの玉子、などのオードブルに白ワイン。シルヴィアの友人で中学の国語の先生だという奥さんは、しゃべりだしたらとまらない感じ、まるでマシンガンみたいにイタリア語が出てくる。料理も凄腕らしい。テーブルにつくと、まずラビオリのグラタン風が供され、つづいてメインのローストビーフ。フレッシュのフンギポルチーニ（イタリアのキノコ）の入ったソースがかかっている。つけあわせは缶詰か冷凍ものらしいグリンピース、お皿いっぱいの揚げポテト。続いてさまざまなプロシュートにさまざまなチーズ、次々出てくるものどれも、すこぶるつきのおいしさだった。

私はいかにも悪酔いしそうな予感がしたので、ワインもシャンパンも少しにしておいた。

ここのご主人はもと薬剤師、現在は農園を経営していて、オリーブオイルや、ワインもつくっているという。壁一杯の絵、置いてあるものを見ても、かなり裕福な感じ。美少女エリカはこの夫妻の令嬢ではなく、ホームステイしているフランス人。演劇専攻で、歌舞伎にも興味があるといって、たびたび英語で話し掛けてくれた。流暢なイタリア語を話す。私は皆の会話には到底《とうてい》ついていけなかったが、精一杯、短いほめ言葉だけはすかさず言うようにした。

最後は記念撮影をし合ってお開き。帰りがけに廊下の壁に並んでいる家族の写真を見て目を見張った。若き日の夫妻の美しいこと。奥さんはクラウディア・カルディナーレそっくり。水着姿は胸が豊満、それがどんどん発達して、現在の乳牛さながらの姿に。

長い一日だった。疲れはしたが、イタリア人のホームパーティまで経験させてもらったことを感謝せずにはいられなかった。

四月七日（月）晴れ

朝食　八時
昼食　一時半

夕食　八時

日本では考えられないような食習慣に慣れつつある。きょうは一日フリー。動物たちと遊びたいのだが、イヌたちはオバアチャマにつきっきり。ネコは外で飼われていて、庭の隅にある物置のようなところをねぐらにしているらしく、あまり出てこない。この自然の宝庫で狩りを楽しんでいるのだろう。

シルヴィアは午後五時まで仕事なので、レッスンなし。朝十時にメイドが来て掃除するというので、ロレンツォに散歩のコースを教えてもらって外に出た。

ミモザ邸の前から、丘をぐるりと一周する、歩いて四十分ぐらいのすばらしい散歩道。舗装していない道をしばらくたどると、急に視界が開けて、なだらかな丘陵のパノラマが一望できるところに出た。遠くにかすむ山々、オリーブの林と常緑樹の緑の濃淡、糸杉もちらほら、レンガ色の屋根が点在、足元にはヒースの花、ローズマリー、黄色いバターカップ、レンゲ、赤い小さめのケシの花が咲き乱れている。感動でうわーっと声をあげたくなった。空にはおごそかな感じの白い雲が出ていて、そのあいだから、亡くなった実母、義母、娘婿、そして親友のS子が顔を出して笑いかけているような気がした。みんなが守ってくれたおかげで、この旅が実現しているると、つくづく思う。

上り坂を歩き続けると、舗装した道に出た。両側がまたパノラマ、つきあたりに大きな赤レンガの家。左にまた下りのデコボコ道がのびている。いつのまにかオリーブ林に入っていた。ふと見ると、樹にもたせかけた、板のベンチ、どうぞおかけくださいというようにさそいかけている。一人分のサイズ、腰をおろして、一休み。だれもいない。この経験どこかでしたことがある、そうだ、長野の穂高、『シャローム・ヒュッテ』のまわりを散歩したときのあの解放感だ。でも規模が違う。あのときから十年もたっているのに、もっと広大なこの自然の心地よさにひたりきれる健康をあらためて感謝した。

昼食は目玉焼きにトマトソースがかかったもの、ブロッコリー、冷凍らしい。日本では冷凍野菜は食べたことがないので、これだけは少々気になる。でも味は悪くない。それとリーフの多い野菜サラダ。これはフレッシュ。

五時ごろから荒れ模様。シルヴィアが身体をすくめて走り込んできた。雪よ、という。寒の戻りなのだろうか。でもその雪は一時間でやみ、陽がさしてきたので、もう一度、さっきの散歩道に出かけ、野の花を摘《つ》んできた。六時でもサマータイムなので、明るいのだ。

帰ると、シルヴィアが料理するのを見にこないかというので、キッチンに行った。階下のキッチンは思ったより小さい。昼間のブロッコリーの残りをパスタにからめている。これがまことに素朴な味でおいしかった。さすがシルヴィア、手際がいい。あとはターキーのむしたものと、トマト、昼のサラダの残り。食事中の会話にはまったく入れない。きょうはとりわけ、めずらしくアレッサンドロが激した調子で話している。コンピューターという言葉だけが聞き取れた。彼まったく英語を話さないけれど、あれでコンピューターの先生はつとまるのかしら。

四月八日（火）晴れ

朝、シルヴィアの車に乗せてもらって、またヴィンチの街へ連れていってもらった。今朝、彼女が茶と黒のとても形のよいアンサンブルを着ていて、どこで買ったの？　と訊いたら、ヴィンチの店だというので、そこに案内してもらうことにしたのだ。このあいだ、博物館に行ったとき、この小さな街をくまなくめぐったけれど、ブティックのようなところはなかったのに、と思ったのだが、ここよ、と連れていかれたところは描いていたイメージとは全く違う、村の呉服屋さんみたいなところ。所狭しとばかりにドレスのラックが並び、通路の奥から、イタリア人にしてはめずらしく彫りの深くない顔立ちの大柄な女性があらわれた。

シルヴィアが、よろしくね、と言って立ち去ると、たちまちフリル、ビラビラをすすめ始めたので、着ているシャツをみせて、こういうカジュアルのものと、孫の普段着を買いたいとなんとかわからせた。去年フィレンツェを歩きまわったとき、衣類の店はとても探しにくかったので、ひょっとしたら、こういう小さい街で買うほうが便利かもしれないと思ったのだ。寒の戻りがまたあるかもしれないと、セーターが残っているか訊いてみたが、冬物はもうまったくなかった。

イタリア語で会話は成り立たないし、こんなに一生懸命探してくれると、買わざるをえない。買いたくないものばかり出てきたら、どうしようと思ったが、彼女なかなかカンがよくて、カジュアルなシャツ、これから役に立ちそうなブラウス、孫息子と孫娘の通学用に向きそうなブルゾン、ベストのひとそろいを一時間くらいのうちにそろえてくれたのには感心し、全部買うことにした。〆《しめ》て二百ユーロくらい。

後日談：イタリアファッションとは及びもつかぬ買い物だったが、このブラウス、シャツ、子供たちのブルゾンはとても役に立ち、長持ちもし、重宝している。

昼食はミネストローネ、白インゲン豆のソースをかけたパンステーキ、おいしかった。もうすっかりこういう食事になれてしまって、日本食を食べたいと思わなくなってしまった。四時から七時までレッスン。短いストーリーを読み、動詞の活用、語彙、物語の内容についての質問に答えたり、自分で質問をつくったり、とてもよいレッスンだった。もっとも私から、こういう練習をさせてほしいとリクエストしたのだけれど。ゆうべのアレッサンドロの議論は学校のコンピューターの管理が悪く、子供にいたずらされて、参っているのだとのこと。

イタリアは五・三・五制で大学までが長く、就職がとてもむずかしい。ロレンツォがまだ就職していないのが気がかりだという。八十一歳の母親がだんだん弱ってきて自由がきかなくなってきたので、ホームステイを引き受け、いろいろな国の人と会うのが楽しみなのだとシルヴィアは語った。

夕食、バジルソースをからめたスパゲティ、魚にワインをかけオーブンで焼いたもの、ポテトのグリルしたもの、サラダ。料理はほとんどロレンツォがつくっているみたい。シルヴィアは最後の味見と仕上げだけらしい。ペンションの経営者になっているのも同然なのだから、この息子さん、立派なものではないか。

レッスン疲れ、夕食で満腹、十時前に眠くなった。なんと健康的な毎日なのだろう。

四月九日（水）晴れ

ランチメニューは最高だった。レンズマメと大麦のズッパ（スープ）。オニオンのみじん切りとレンズマメをいっしょに煮て、そこに大麦を入れ、また二十分ぐらい煮て塩コショーで味付け、オリーブオイルをたらし、食すときはパルメザンチーズをふる。いたって簡単なレシピだが、おなかにやさしい。あとは豆のマッシュとポテトのスライスをパンにのせてベイクしたブルスケッダ。二種類のプロシュート、サラダ、長時間かけて煮たピメントが添えてあるのだが、自然の甘さがたまらない。色のコンビネーションも美しく、理想的な自然食。ロレンツォに拍手。日本食に興味があるというので、持参した味噌で、林望氏のレシピ、プロシュートずしと味噌汁を明日の晩つくることにした。

二時半、シルヴィアとスーパーマーケットに買い物に行く。アレッサンドロは十五分ぐらいのドライブと言っていたが、車の通りのはげしいところをおよそ三十分ちかく乗った感じ。フチェッキオという その街はヴィンチより店が多かったが、スーパーは中心街をはずれただだっぴろい平野にぽつんとある工場のような建物がそれだった。車でしか行かれない、アメリカのシカゴ郊外の巨大スーパーを思い出した。

中に入ると、シルヴィアはすぐ、携帯電話のようなものがたくさん取り付けてある壁のところに行き、その一つを、クレジットカードを差込口に入れて取り出した。それはレジスター器で、品物をひとつ買うごとに品番を打ち込むようになっている。私はついつい、買い物に集中して、どんどんカートに入れてしまうのだが、シルヴィアの方は大変だった。

「おばあさんじゃ、とてもできない仕事ね」と言うと、

「あたしだって、オバアチャンの歳よ」という応え。

「どうしてこんな大変なことをやらせるの?」

「人件費削減のため」とため息をつく。

どうりで彼女、買い物に行かないわけだ。ちょっとしたものはヴィンチの街で間に合わすらしい。時間節約のため、野菜はサラダリーフとトマト以外は全てフローズンにしているのだそうだ。

野菜は山と積まれているけど、選別されていないので、いたんだものも混じっている。魚も種類は多いけれど、新鮮とは言いがたい。クレソンがなかったので、イタリアンパセリに

する。豆腐ドレッシングをつくるので、探したのだが、豆腐らしきものはない。店員に三回ぐらい訊いて、やっと見つけた代物は、小さくてうすっぺらな、チーズみたいなもの。本当に豆腐なんだろうか。あと土産にもなると思い、スパイス類、レンズマメ、大麦、チーズ、それに孫たちのソックスやシャツ類など、疲れているシルヴィアを横目で見ながら、すばやくサイズと色をえらび、カートに入れる。ロレンツォは握りずしが食べたいと言っていたので、スモークドサーモンを買った。なんだが、ぱさぱさしているみたいだったけど。

レジで計算器をわたし、係員の女性が再度チェックして、支払いとなる。〆《しめ》て五九ユーロ。品物は袋に入れず、直接車のところに戻って、トランクの中の箱にしまう。カートも置き場まで返さなければならない。身なりの粗末な男がよってきて、シルヴィアに話しかけ、彼女が首をふっていたので、だれかと思ったら、乞食なのだった。

夕食がまたおいしかった。

ペンネ、ナッツのつぶしたものをクリームでからめ、あえている。

トマトのバジリコかけ、キュウリのヨーグルトあえ、チキンのワイン煮

ブオーノ!! だからホームステイは好き。まさしく私好みの味が続く。

四月十日（木）雨

朝から雨、すごく冷え込む。

昼食、スパゲッティ・ポモドーロ、トマトソースはちょっと期待はずれ。味が濃すぎた。ほかにモッツァレーラの薄切りにアンチョビーとトマトのスライスをのせたもの。コーンのまじったリーフサラダ。

イタリア語のレッスンは、二時間だけにしてもらった。今晩は料理をしなければならないので。イタリア語の仕組みがだいぶわかってきた。早いはプレスト、遅いはタルディ、これは速度にも時間にも使える。正しいがジュスト。英語のコンヴィニエントがコンヴェニエンテ、カレージアスがコラジォーザとは……似ていて非なる発音である。

シルヴィア一家はロレンツォが十六歳になるまで、フィレンツェに住んでいたが、彼女の母親とアレッサンドロの父親が一人になったので、皆一緒に、ここに移り住んだのだという。二階の各部屋にバスルームがついているので、三世帯ぐらいは暮らせる。足の便は悪いけれど、この大自然の恵み、高齢者には最高の環境だ。

六時ごろから夕食の支度。こんなこともあろうかと、エプロンドレスを持ってきてよかった。持参の味噌と出しの素、醤油のパック詰めを用意。なにしろ二階のキッチンには鍋、フライパン、フォーク、スプーン、ナイフぐらいしかないので、足りないものを確認するのに手間取る。ロレンツォがメモ片手に、見学している。

林望先生のプロシュートずしの具は、プロシュートにリンゴの千切り、合わせ酢はエクストラヴァージン・オイルとワインヴィネガー、黒コショーにフレンチマスタードを混ぜたもの。一度我が家でつくったら、すごくおいしかったので、これこそイタリア向きだと思ったのだった。

さて、米がリゾット用である。うまく炊けるだろうか。ともかく初めチョロチョロ中パッパ、赤子泣いてもフタとるな、を守って、できあがったものは少々やわらかくはあったが、ともかくもゴハンであった。

プロシュートは薄切りされているかと思ったら、かたまりのまま。スライサーはないのだそうだ。困った。仕方がないので、切れ味の悪い包丁で挑戦する。リンゴの千切りが大変。切るのを手伝ってもらいたかったが、彼には無理。イタリア料理は千切りなど必要ないし、薄切りみじん切りなどの、包丁術はほとんど必要としない。切るときはペティナイフでこそぐように切る。みじん切りは両手で持って動かしながら切る半円形の刃を使う。日本人には包丁一本の方がよっぽど手っ取り早いのに。ただし切れ味が問題。結局、全部自分でするはめに。それにつけても和食はなんと切る作業がおおいのだろう。

リンゴを水でさらしたいのに、小ボールがないから、スープカップを代用する。入れ物のやりくりに疲れた。サラダはホーレン草のゆでたのと、ラデシ、マッシュルーム、それとズッキーニもゆでて使う。ドレッシングが大変。豆腐が全く豆腐らしくない。まるで高野豆腐みたいな硬い代物をともかく湯通しし、ワインヴィネガー、フレンチマスタードがないので、粒マスタードで間に合わせたら、似て非なるものができあがったが、味がいいので、よしとする。すしの青みはイタリアンパセリ、これは正解だった。味噌汁の具はネギ、これは日本のとまさしく同じ。それにあの怪しい豆腐の残りを入れる。

味噌を溶かすのが一苦労、とうとう手で混ぜてしまった。イタリア料理だけをつくって暮らすのなら、どんなにか楽かしらと思う。日本の主婦たちは中華もイタリアンもフレンチもつくり、細かい手作業が必要な日本食を毎日つくるのだ。道具も材料も多いし、キッチンの管理や、材料や残り物の始末に頭を悩ますことになる。

さて食卓で、あの偏屈そうなオバアチャマが気に入ってくれるかどうか、まことに心配だったが、味噌汁はお代わりをしてくれるほど、喜んで飲んでくれた。このスープ、スプーンを使わずすすることも教えた。「別々に食べないでね。インスィエメ（一緒に）よ」と説明する。ロレンツォも味噌汁をブオーノ、ブオーノと言った。

ともかくどれも残りがほとんどないくらい平らげてくれた。めでたし、めでたしである。明日の夜はパーティ。スモークドサーモンで握りずしをつくることにしている。こんどこそ、ゴハンはかために炊こう。

四月十一日（金）雨のち晴れ

最後のイタリア語レッスン、十二時に次の滞在客がくるので、朝九時から始まる。シルヴィア先生まったく準備なし、こちらの質問に答えるだけ。ちょっと手抜きじゃない？　と言いたいのは語学教師の経験からくる正義感。ともかく文法省略、実用一点張りで、フィレンツェの地図を出し、知りたい単語、必要な情報すべてを教えてもらう。二時間弱で終わった。

シルヴィアは部屋の準備に忙しそう。ゲストはヴィンチ村の絵画コンクールで一位になったアメリカ人の中学生とその母親だという。私の使っている部屋と隣り合わせにもう一室シャワーつきのベッドルームがある。ベッドメイキングを手伝った。シーツもベッドスプレッドもかなり古いものだったが、カーテンと色合いが見事にマッチしている。

四十二歳のアメリカ人女性と十三歳の女子中学生が到着。ミラノからの飛行機がゆれて、よく眠れなかったと、すぐに寝室に入ってしまった。一週間の滞在だというけれど、イタリア語を全く話さず、シルヴィアとロレンツォのあの程度の英語で意思の疎通は大丈夫かしら？

二時ごろの昼食は四種のチーズ、ツナとバジリコのスパゲティ、カリフラワーのゆでたもの。

アメリカ人の母親がチーズを食さずという難題が出た。

シルヴィアが「アー　ユー　アングリー？」

母親びっくりしてノーッ！　と応える。

シルヴィア、ふたたびのどから搾り出すように「アー　ユー　ハングリー？」と言い直す。

イタリア語にはHの音がないから無理もないけど、笑いをこらえた。

男性群の敬虔なサーヴィスぶりに母娘はびっくりして、こんな昼食初めて、別世界にきたみたい、と言う。

この母親、四人の子持ち、ひとりはstepsonと言っていたから、離婚経験者なのだろう。身体障害者の子供たちの教師をしているのだそうだ。二十一歳の長女がもうすぐ結婚するというのを聞いて、シルヴィアがうらやましそうに言った。「いいわねぇ。四十二歳でもうノンナ（祖母）になれるかも知れないなんて」。ロレンツォがめずらしく不快そうな顔。

これからの一週間、昼と夜、シルヴィアの家族と食事をいっしょにするのは大変じゃないだろうか。いらないお世話だが、夜だけとかにしたら？　と言いたくなる。ティーンの娘はチーズもサラダもかなり残していた。

食事が終わりかけたころ、思いがけず、ディプロマを渡される。フィレンツェのエージェントが企画したものらしい。額に入れて飾れそうだ。

午後、雨が上がったので最後の散歩に出る。一週間歩いていると、自宅の近くのような親しみをおぼえる。またこの景色を見ることがあるだろうか？　野の花も、オリーブ林もじっくりと脳裏にきざみこむ。泥んこ道で靴はドロドロ。入り口で靴を脱ぎ、靴底を洗う。

パーティは八時からなので、五時ごろから、サーモンの握りずしにとりかかる。ゴハンの水加減は少なめにしたが、ロレンツォの用意してくれた鍋ブタがうすく、しかも途中でフタをあけてのぞこうとしたので、思わずダメッッツ!! と叫んでしまった。それでもむらしを長くしたので、きのうよりはよく炊けた。およそ、四十個、我ながらよく握ったものだ。上にイタリアンパセリをのせた。見た目はかなり立派。でも一個あたりのゴハンの量が多すぎたかもしれないと、少々不安。

もう一品キュウリとマッシュルーム、ズッキーニの胡麻和《ごまあ》えも。出来はともかくめずらしい一皿があるだけでもいいではないか。それでも味見をしたシルヴィアが、すごーくブオーノだと喜んではくれたけど。

八時、このあいだ私を夕食に招待してくれた、かつての美男美女夫妻登場。またまた機関銃射撃のようなイタリア語。どう応えようかと神経を使ってしまう自分、まったく社交にむいていない。それに比べて、アメリカ人母娘は言葉ができなくても大きな目をまっすぐ向けて堂々としている。

ロレンツォが私のすしをプリモかセコンドかと訊いたので、うっかりセコンドなどと言ってしまって失敗だった。アンティパストが一杯出たあと、スパゲティ、そのあとだから、自分で食べてもあまりおいしくなかった。あのパサパサのサーモンにごはんが多すぎた。やはりイタリアではイタリア料理なのだ。フィレンツェの日本料理屋がマズイと言われているのも無理ない。材料が材料なのだから、おいしくなりようもない。

きょうのメニューは多すぎた。グリンピースとナスの煮物、マッシュルームのワイン煮、シシカバブーみたいなヴィールと牛とトリの串焼き。なぜかコーヒーもデザートもなし。イタリアはプリモ、セコンド、コントルノなど、別々にサーブされ、次に何がどのくらい出てくるかわからないから、おなかのコントロールが大変よ、とアメリカ人の母娘に言ったら、二人は笑っていた。アメリカじゃ、サラダが一番先なのに、と女の子もつぶやく。

十時を過ぎてもフェスタは終わりそうもなく、アメリカ人母娘の絵画の話に花が咲いているので私は荷造りもあるし、先に失礼して、二階に上がった。

四月十二日（土）曇り

夢の中では日本に戻っていて、なぜか着物を着ているのに、帯がとけてしまい、どうしても結べなくてパニック状態、こんなことがあるはずはない、夢なんだ、と手をつねったりしているうちに目がさめ、ひどく疲れた。

朝九時に迎えの車がきた。別れの言葉をおぼえていたはずなのに、スラスラ言えず涙のほうが先に出そうになった。乗り込むまえにもう一度振り返ったが、もうみんなはいなかったので、少しがっかり。次のゲストのことで、頭がいっぱいなのかしら。

いよいよこれからが本当の一人旅。

第七章　フィレンツェ再訪

ポンテヴェッキオが見えてくると、胸がときめいてくる。ああ、この景色、こんどは一人で満喫できるのだ。

屋敷を改造したB&Bと聞いていたので、庭つきの独立家屋を想像していたのだが、街の中心に近いペルゴラという通りにある、そのペンシオーネはせまい路地に立ち並ぶパラッツオの分厚い木の扉の奥。数百年まえの石段をあがった三階の部屋。窓ともドアともつかぬ狭い開口部が隣との境にあり、隣家とはすごく接近していて、脇に張り出したハリにハトが来るのが見える程度。眺めのいい部屋ではなかった。

インテリアはきれい。中央にダブルベッド。大きなクローゼット。シャワー室は改造したばかりらしく、明るく、お湯の出もすこぶるいい。持ち主のオバサン、気さくでしっかり者といった感じ。でも英語は怪《あや》しい。

表の扉用と、部屋のドア用と二種類のキーを渡される。表の扉用のほうが小さくて、部屋のドア用のほうが重たいキー。その小さいキーをフタつきの鍵穴にさしこみ、まわしたり、引っ張ったり、ただ押せば錠がはずれるとわかるまでしばらくかかった。

N子さんが迎えにくるまで三時間ちかくあるので、ひとまわりしてみることにする。ドゥオーモまで五分。便利だ。道をまちがえないように、目印を覚える。ペルゴラの突き当たりがベーカリー。右に曲がって次の曲がり角右側にキッチン関係の雑貨屋。後は左にまっすぐ、ドゥオーモが見えてくる。

あすの日曜にはかなりの店が閉めてしまうことを考慮し、土産の品を買っておくことにする。娘に楽譜のもようの紙ばさみ、夫に黒のナイキの帽子。雑貨屋をのぞいて、キッチン用品に目を配る。シエナのベーカリー、ナンニーニの支店を探す。ドゥオーモから放射状に出ている通りのどれなのか、石の壁の上に刻まれている字を読むのに一苦労。ロレンツォ教会の通りだとやっとわかった。大好きなアーモンド風味の粉砂糖のかかったクッキーを自分の食べる分だけ買い、あとは土産用に日持ちのするかためのフルーツケーキを買う。

ドゥオーモのまわりはかなりの観光客で、アルノ川まで出る気はしなかったので、戻ってひとやすみ。一人旅は時間がたっぷり、やすみたいときにやすめるのがありがたい。

十二時四十五分、時間どおりにあらわれたN子さんは、あのサイトの写真とはずいぶん違った地味な人だった。黒っぽい服装にノーメイク。自転車をひっぱっている。エージェントの代表者のイタリア人は足をくじいたとかで、来られず。十五分近く歩いてやっとついた先はなんだか場末のレストラン。私の盛装は場違いといった感じ。

思いっきりこれまでのことをしゃべった。「お若い！　わたしの目標みたいな方！」と言われ、ちょっといい気分になる。このトラットリア、トマトのペンネ、ビフテッカフィオレンティーナ、パンナコッタ、どれも味はよかったが、トイレに啞然。紙がちらかっている上に、便座がないのだ。ツアーのときのレストランはどこもきれいで、こんなトイレのところはなかった。このエージェントがご馳走してくれるのはこの程度、という財政状態なのか、それとも私という顧客を低く見てのことなのだろうか。

これからトルナブォーニ通りに行ってみたいというと地図をくれたが、赤ペンかなにかで示してくれるかと思ったのに、早口で説明してあっさりさよなら。あの懇切丁寧なメールとはだいぶ違うサーヴィス。ご馳走してくれなくてもいいから、拡大コピーの見やすい地図とわかりやすい説明や情報をくれた方がありがたかったのに。

道路上で地図を開くのは危険なので、教会にでも入って開こうと思ったら、偶然にも、そこがメディチ家のチャペルだった。シルヴィアがミケランジェロの彫刻がすばらしいと言っていたところだ。説明書を読んでこなかったので、どれがなにやらよくわからなかったが、圧巻は墓を飾る男女三体の彫刻。人体のポーズが実に生き生きとして見とれるばかり、美しさと力強さと、人間の業をあらわしているような、何か物悲しさが迫ってくる。胸にずしんと感動が走った。天才の作品なのだとつくづく思う。

トルナブォーニまでたどりつくのに、三度ぐらい道を訊いた。フィレンツェの街はまったく迷路だ。もともと方向音痴なのだから無理もないが、いくら地図を頭に入れようとしても、道の角度が変わると全部狂ってしまう。ブランド通りはほしいものまったくなし。店員も愛想が悪く、不愉快。通りをはずれたところにあった一軒のブティークに、とてもユニークで形のよいリバーシブルの黒のバッグがあり、店員も感じがよかったので、買ってしまった。

後日談：この『アンジェラ・カプーティ』という店、後にフィレンツェ人のマダムに聞いたのだが、とてもセンスがよく、注目している店なのだそうだ。

歩きつかれてへとへと。バールに入り、ダイエットコークを飲み、ついでにトイレを借りる。ここだって便座はあった。ペルゴラに戻り、ベーカリーで夕食用のピッツアと菓子パンを買う。

ともかく宿が中心街に近いのはありがたい。

二日目、最初の目的地はサンマルコ美術館。八時に朝食。オレンジジュース、カプチーノ、小さな丸いパン二個、バターとジャムがついている。これなら、バールで食べたほうがましかもしれない。イタリアの街歩きは午前中が勝負だ。十二時を過ぎると閉めてしまう店が多いから、朝は早いに越したことがない。

九時に出発。歩いて五分ぐらいのところ。礼拝堂に先に入った。白い僧服の神父がオリーブの枝を山盛りにしたテーブルを前にしていて、献金をするとオリーブの枝を一本くれる。美術館は隣だとわかった。フランスの高校生の団体が列をつくっていたが、先に入ることができた。テレビなどで見覚えのある、回廊つきの中庭を抜け、いよいよ階段を上って正面の「受胎告知」を見る。想像していたより、ずっと淡い色彩。そろそろ修復が必要なのだろうか。僧房がいく部屋も続いていて、その一室一室にフラアンジェリコの絵があるので、これは時間がかかるぞと思い、下に戻ってトイレに行く。水洗は右上のボタンを押す形式。手を洗うところは手をかざしただけで水が出た。恐らく最近改装したのだろう。

僧房を一室ずつ丁寧に見たが、やはりあの受胎告知が圧巻である。立ち尽くしている日本人の母娘と目が合い、思わず感動を語り合った。日本人のこの絵に対する思い入れは深いとつくづく思う。売店でカトリックに入信した義姉に土産をと見まわしたが、なかなかよいものが見つからない。なぜか絵葉書なし。封筒つきのノートカードばかり。結局、受胎告知のエンジェルだけを描いたマグネットを買い、あとはふと思いついてもう一度礼拝堂に戻り、再び献金をして、三本のオリーブの枝をもらった。ご利益のありそうなありがたいオリーブを土産の品につけることにしよう。

今回のフィレンツェ滞在中に、ぜひとも訪ねてみたい場所があった。ブリッジクラブである。コントラクトブリッジという国際的なゲームを始めて、ライフマスターとなるまでおよそ十年、その国の言葉がしゃべれなくても、やり方を習熟していさえすればゲームに参加できることを知っていた。英語圏のアメリカ、イギリス、カナダでは実体験もある。

イタリアは国際試合でも最強国の一つである。ネットで調べたら、トスカーナにブリッジクラブがおよそ三十もある。東京はその三分の一にも満たない数なのに。ブリッジ人口も日本のおよそ五倍、ゲーム好きの国民なのだ。

フィレンツェのクラブはサンマルコ広場から二つ目の通り、サン・ガロ通り、一二八番地である。N子さんに頼んで、ゲームの時間が四時半であること、英語を話す人はいないが、見学歓迎ということは調べてもらってあった。

まずは午前中に下見を、というわけで、歩き出したのはいいが、その地点が二〇番地ぐらいだったので、一〇〇番地分歩くはめに。着いたところは歴史地区のはずれ、古いパラッツオ、ベルを押してみたがノーアンサー。疲れた足をひきずりつつまた延々と道を戻る。

一つ収穫だったのは大きい書店を見つけたこと。コリンズから出ている英伊の辞書を買う。二〇〇グラムくらいの軽量のこの辞書、日本にはない。携帯に便利。あとは動詞の本。動詞だけで一冊の本があるのだから、いかにイタリア語の動詞が複雑かわかるというものだ。

昼食はドゥオーモに近い中華料理店に入った。ベジタリアンだと言って、野菜の具沢山のおそばと杏仁豆腐を注文。とてもおいしい取り合わせだった。トイレに入ると、ツアーの一行らしい日本人女性が四、五人入ってくる。なにか皆、疲れきった表情。去年のわたしはこういう状態だったのだ。

「これからバスのところまで二十分も歩くなんて、疲れるわねぇ」と話している。ペダルを踏む形式の水の出し方がわからなくて困っている様子なので、おしえてあげた。

一度ペンシオーネに戻る。夜は持参のインスタントおにぎりにしよう。早めにつくっておくことにする。オバサンにお湯をもらいに行く。ポットにお湯を入れてくれる。わかすのは電子レンジ。妙なところが現代的。三階までゆっくりゆっくり、用心深くもって上がる。プラスティックの三角の入れ物にお米が入っている。具を入れ、線のところまでお湯を入れ、ふたをして、三十分待つとできあがる。焼き海苔つき。これ二つとインスタント味噌汁が今夜のごはん。デパートの旅行用品売り場ですすめられたのだが、これはすぐれものであった。

三時過ぎ、ブリッジクラブへ行くまえに川向こうのピッティ宮殿に寄っていこうと思った。タクシーを呼ぶ。運転手の若者、ピッティ宮殿からサン・ガロは五分で行けるから、一度降りて、見物してから、また電話をかけてタクシーを呼べばいいと英語で言った。

それに従ったのが間違いだった。日曜とあって、宮殿前の芝生はすきまもないほど人で埋まっている。宮殿はすさまじい大きさだが、外観はあまり美しいとはいえない。チケット売り場の前も長蛇の列。これを待っていたら、ブリッジゲームの始まる時間に間に合わない。

入るのをあきらめ、外観の写真だけを撮った。このあたりの店は日曜なのに、開けている。人ごみを抜け、歩き疲れていたので、バールに入ってジュースを飲み、タクシーを呼んでもらおうとしたが、ここでは呼べない、タクシー乗り場へ行けという。そのタクシー乗り場がどこだがさっぱりわからない。標識もないし、そういう情報の出ている案内書を読んでこなかったので、うろうろするばかり。いつのまにか四時半は迫っていた。時間がもったいない。こうなったら、またあの一二八番地まで歩くしかない。最初の計画どおりピッティ宮をまわってタクシーで行ってもらえばよかったのだ。

　幸い下見してあったから、目的地までひたすら早足で歩いた。結局、フィレンツェの歴史地区の端から端までを歩いたことになる。一万歩以上だ。パラッツォの前に来る。ベルを押す。今度こそ返事があると思ったのに、またノーアンサー。どうしよう。通行人もいないし、途方にくれたそのとき、ふいにドアが開いて、中年のイタリア人男性が出てきた。ブリッジクラブは？　と訊くと三階だとおしえてくれた。大理石の古い階段をあがる。

　正面にバール。両脇に部屋があり、すでにゲームは始まっていた。廊下の左手奥に事務室。英語を話さない男性がコンピューターに向かっている。たどたどしいイタリア語で、見学の許可を求めた。ＯＫという返事だったが、ニコリともしない。フィレンツェの人はよそ者に冷たいと聞いていたが、やはりそうなのだろうか。見渡したところ東洋系は一人もいない。私がうら若い美人なら、対応も違ったのだろうか。見学者はほかにもいたので、少し気が楽になった。あちこち移動して、ゲームのプレイぶりを見て歩く。

　このブリッジというゲームは二人一組がテーブルに向かい合い、対戦する。トランプカード五十二枚を十三枚ずつ配り、ペア同士が手札を見せぬまま、二人合わせて一番よい組み合わせのカード四枚一組を出来るだけ多くとるために探りを入れつつ、情報を知らせ合う。一番強いカードの種類か、種類にかかわらず均等に、最も多くとると宣言したペアがプレイすることになる。守備側から最初のカードが出され、プレイする側のパートナーはそこではじめて自分のカードを晒《さら》し、プレイヤーはそれと自分の手札を見比べ、一人でどうやって勝利をおさめるか計画し、挑戦する。対戦ペアはそれをなんとしてでも阻止しようと協力する。一枚ずつカードが出され、四枚のうち一番強いカードが四枚分を獲得するのだが、なにしろ見えないカードを探りつつ、推量と判断とでゲームが進行するから、パートナーが応え方を間違えたり、思い通りのカードを出さなかったりすると、一ゲームが終わるたび感情的なやりとりが展開しがちとなる。

　このクラブはどの部屋も、静寂の中にゲームが進んでいた。いかにもフィレンツェらしいと思ったのは、ゲームの結果報告の紙が立派な皮袋に入っていたこと。ロビーの棚に見とれるほど美しいデザインの銀のカップが並んでいたこと。

　ゲームの予定表を見て驚いた。ウイークリーゲームは午後九時からで、終わるのが午前一時なのだ。日本は夜のゲーム開始は六時半、終わりは九時半である。フィーはフィレンツェの方が安い。日本は千円だけれど、ここは五ユーロである。

プレイルームは意外にも禁煙ではなく、タバコの煙がもうもうである。気分が悪くなってきたので、ロビーに出てソファーに座ったが、ほかに休みにきた人たちは目が合っても、笑みを返さない。話しかけてくる人もいない。インテリ階級らしい外見の人は多いのに、英語はまったく聞こえてこない。スペードもハートもクラブもダイヤも、ピッケ、クオレ、フィオリ、クワドリで、完全にイタリア語のブリッジである。このよそよそしいクラブを再訪する気はなかったが、イタリアでブリッジをしようと思ったら、イタリア語をもう少しマスターしないことには、どうしようもないと感じた。

明日は早い列車に乗る。もう帰ろうと思った。事務所のディレクターにボローニャのクラブのアドレスをおしえてくれないか、と頼んだら、これはすぐ探してくれて、またおいでと、イタリア語で言ってはくれた。

やれやれ、緊張の体験だった。サンマルコ広場のバールで一休み、ジェラートを食べる。あれだけ歩いたのに、それほどの疲労感がない。五分後、ペルゴラの宿に戻る。

荷物は増えて三つになった。携帯用のバッグを広げ、エアポートで預けられるように、もう着なくなった衣類や替えの靴をつめこむ。明日はいよいよ列車の初体験、大荷物をかかえて乗りこまなければならない。

第八章　ボローニャへ

八時十五分、N子さんが迎えにくる。ペンシオーネのオバサンに別れを告げ、タクシーでサンタマリア・ノヴェラ駅へ。何しろ重いスーツケース一つ持っただけでもよろよろしそうなので、手数料を払って、つきそってもらうことにしたのだ。一等車に荷物を運びこんでくれることになっている。

駅は十分ぐらい、近かった。改札口なし。電光掲示板にはまだホームの番号が出ていなかったので、待合室へ。中では多くの人たちが居眠りしていた。イタリアの夕食は遅くから始まるし、きのうは日曜だから、みな休み疲れなのだろう。

九時十三分発ユーロスターの表示がようやく出た。ペンシオーネ宛てにエージェントの代表者からことづけられたチケットをN子さんに渡すと、彼女の顔がこわばった。一等ではなく二等車の席だという。「ええっつ！　それはないでしょう」。一ヶ月も前から頼んであったのに。私の声も上ずってしまった。「なんとかしてもらいます」。彼女、必死で駅員に交渉したらしいが、満員でダメ、後五分。仕方なく二等にのりこみ、席にすわる。あとで返金します、という声に返事をせず、窓越しに手を振る彼女に笑顔が返せなかった。

発車してもムラムラがおさまらない。エージェントの代表者が二等だと決め込んで手配したことと、あのひどいトイレのレストランの映像がだぶった。なれぬ列車で面倒がおきないように、と、あえて一等にしたのに、と思いながら、こわごわあたりを見回すと、乗客のほとんどはビジネスマン、コンピューターを叩いている人もいる。新幹線の名古屋行きみたいなものか、と少し気持ちに余裕が出た。

わずか一時間なので、ほどなくボローニャに着く。さあ無事に荷物を降ろせるだろうか。五分前に戸口まで出てきて、臍下丹田《せいかたんでん》に力をこめ、一番軽いバッグを肩にかけ、先に降りて、重いスーツケース、フライトバッグ二つの持ち手をもってそろそろと、足をふんばり、一気に、うまくおろせた。踏み台のステップは日本よりずっと高い。踏み外したり、転げ落ちたりする危険は大有りである。やれやれであった。階段なし。列車内でも検札はなかったし、改札口もなく、日本と大違い。列車のドアもどちら側が開くか、だれも知らないし、アナウンスもなかった。イタリアの列車の旅は降りるまで緊張がつきまとう。

タクシー乗り場はすぐわかった。乗って五分、マッジョーレ広場に近い、こじんまりとしたホテル。フロントの男性は英語を解し、シャワーと浴槽、もちろん浴槽だよね？　とニコりと笑う。

ベルボーイはいなかった。二階までエレベーター、私の部屋は奥で階段を三段ずつ、二度上るところがある。ちょうど通りかかったメイドを呼びとめ、すばやくチップを握らせ、スーツケースを運び入れてもらった。ダブルベッド、花模様の壁紙、グリーンのタイルの浴室。ああ、なつかしや、浴槽がある。

あと一日だ。もう着替えを出すのはよそう。パジャマだけ出して、同じ服を二日着ることにする。まだお昼前、そう、また午前中が勝負だ。ボローニャでの観光は去年のツアーで済んでいる。イタリア語の短期留学をするための語学校の場所を確かめたかった。フロントに訊いてびっくり。歩いて十分ぐらいのところ。このホテルはとても便利なところにあるのだった。

番地を見ながら二ブロックぐらい歩き、学校なのだから、そういう建物で表示があるだろうと思ったら、大違い。ここだ、とあたりをつけたら、そこは公民館、出てきた人に訊いたら、隣だよ、というので、学校の表示は？　と探したが、そんなものはなく、なんと、その建物の三階、四階の住民表示に小さく名前が出ているだけだった。東京の日伊協会みたいだ。小さいクラスルームが上下で、八つぐらいある。英語を話すとても感じのよい女性が案内してくれ、テキストも見せてくれた。

帰ろうとしたら、戸口に日本人の若い女性がいたので、「どうですか、ここは？」と訊いてみた。

「まあいいほうだと思います。なによりボローニャはイタリア人が生活しているところなんで、安全なのがいいです。住んでいる人と友達になるのは時間がかかりますけどね」

そこへ、もう一人、白髪交じりの男性が加わり、「ぼくはフィレンツェとほかと一年ぐらいやってるけど、ここはいいですよ、ほんと」と真顔で言った。

「みんなお若い方ばかりで、わたしみたいなおばあさんいないでしょう?」と言うと、「いいえ同じくらいの方、何人かいらっしゃいますよ」と心強い返事。今回の旅で、イタリア語はまだまだ初心者だと悟らされた。もっと勉強したい。たとえ一週間でも集中講座をとりたいという希望が出てきた。

いつのまにかお昼になっていた。せっかく食の街にきたのだから、レストランに入ろうかと思ったが、語学校でおしえてもらったレストランはすでに十二時半で閉店、三時半まで開かない。しかたがないので、なるべく人が一杯入っているバールを選び、外のテーブルにつく。注文したタリアッテッレは味が濃くて、残してしまった。ノンアルコールのフロリダというジュースはフルーツがついていて、とてもおいしかった。いったんホテルに戻ることにする。それなのに、来た道がわからない。ともかくマッジョーレ広場に出て、清掃をしている女性に訊いてみたら、この人、英語を話し、わざわざホテルまで連れて行ってくれた。

フロントの人に、往きの飛行機の中で出会った男性が、ここはいい、と言っていたあのパンフレットの写真を見せて、丘の上の教会がどこなのか訊いたら、サン・ルカという名の聖堂だとわかった。タクシーを頼む。あちらからまたタクシーで帰れるかと訊くと、彼はしばらく考えて、往復する車を手配しようか、と提案してくれたので、頼んだ。ちょっと高いかもしれないが、ここまで無事にきたのだから、最後の花をかざらなければと思ったのだ。

「白じゃなくて、青い車だよ」と言われて、待っていると、青いBMWが静かに近づいてきて、スーツ姿の、コロンの匂いプンプンの男性が「サン・ルカ?」と訊く。ありゃ、これ、ハイヤーじゃない。いくらとられることになるだろう、と不安にもなったが、ホテルが手配したのだから、ベラボーじゃないだろう、と乗り込んだ。車は音もなく優雅に発車した。

赤茶色のポルティコの道、美しい公園、門から建物まで距離のある本格的なヴィッラなどを通り過ぎ、やがて坂道を登り始めた。イタリア語でゆっくりと説明してくれるのだが、半分ぐらいしかわからない。ともかく、この聖堂、建てられたのは百五十年ぐらいまえだが、中にとても古いマドンナの絵があり、それを描いたサン・ルカという人の名がつけられた聖堂であるらしい。車が上るにつれ、息をのむほどのパノラマが広がりだした。往きのフライトで一緒だったあの紳士、ありがとう、あなたのおかげです!

頂上に着く。ボローニャの街が一望でき、反対側にエミリアロマーナの緑の丘陵が見渡せる。ヴィンチのパノラマとは違う、もっと変化に富んだ、まばゆいような色彩である。クーポラの聖堂の一部が修復中だったが、中に入れて、マドンナの絵も見ることができた。外側のポルティコの回廊はふもとまで続いていて、二キロぐらいあるらしい。美しいコントラストだ。記念撮影をして、帰路につく。往復、二五ユーロ。安かった。運転手の彼にコーヒーを売っているところを教えてもらい、最後の土産品を買う。

さて夕食だが、どうしよう、ホテルで食べるか、なにか買って帰るか、もっと手軽に満足いく食べ方はないのか。

それがあったのだ。一軒のバールにアンティパストが一杯並べてあり、真ん中にローズ色の液体がガラスの大瓶の中でゆれていた。これ、ノンアルコールなの？　と訊くと、店主はうなずき、「おいしいよ」と応える。これとアンティパストを一式、座って食べることにした。プロシュートやチーズ、野菜などをのせたブルスケッダ、オリーブ、ピクルス、フライドポテトなど、おかわりをして、そのほんのり甘いローズ色の飲み物とで、おなかは満足。

ホテルの部屋に大きな花束と手紙が届いていた。N子さんの上司のフィレンツェ人からだった。返金と詫びの手紙がついている。apologyというべきところがexcuseになっていて、英語の手紙は完璧とはいえなかった。荷物が増えて困っているものに花束なんて、でも彼女なりに精一杯の誠意の示し方なのだろう。オバサン的批判はやめよう。N子さんからも電話があった。ボローニャのホテルには満足している、でも花束をもらっても困る、などと、ついい言ってしまった。このへんが私の性格の大人気ないところだ。

後日談：この件があっても、N子さんへの評価は変わらなかった。むしろ私の生の感情を冷静に受け止めてくれたことを、あとになって感謝していた。このあとの旅も、宿探し、旅程のアドヴァイスなど、常に的確な情報をもらっている。

十日ぶりにおふろに入る。やっぱり日本人だ。全身をお湯につけてはじめて本当のやすらぎが得られる。事故も病気もなく、無事に終えようとしている旅、これを実現させてくれた人々に感謝しなければ。

第九章　アリヴェデルチ

　六時に目覚め、入浴してから身支度をする。朝食は階下の食堂でビュッフェスタイル。ハム、プロシュート、プルーン、缶詰のモモ、パイナップルなど。他にシリアル四種、パンはクロアッサン、甘そうなペイストリー類。食べているのはビジネスマン風の男性ばかり、女性は私一人だった。

　定刻にタクシーが来る。ハンサムな若者。ホテルから空港まで二十分足らず、もうすぐ着くというときケイタイが鳴り、女友達かららしく長々しゃべりながら運転するので、はらはらしたが、無事到着。チェックインには時間がかかったが、なにごともなく入れた。時間があったので、売店をのぞく。缶入りクッキー、オリーブオイルのビンの中にバルサミコ酢のビンを組み合わせたもの、プロシュート、チーズも各種売っているし、ちょっとセンスのよいバッグもあった。重い土産を急いで買う必要はないと思った。

ボローニャ＝パリ間の飛行機は、往きのパリ＝フィレンツェ間のよりずっと立派。たまたま席が非常口のそばだったせいで、ハンドバッグまで上の棚にのせろ、とスチュアーデスが命令口調で言う。「パスポートを入れてあるの」と抗議したが受け付けない。隣席の中年のイタリア人女性も不服そう。スチュアーデスが去ったあとで、彼女がフランス語っぽい英語で、後でバッグを下ろしてあたしのコートをかけてごまかさない？　と名案を出す。これからフランスにいる弟夫婦を訪ねるのだという。

飛行機が飛び立つとき、慣れた手つきで十字を切った。本当にそういう気持ちよね、とうなずく。家庭の食事のことを質問した。朝、パン、昼パスタ、夜は魚が多いという。やっぱり脂肪分が多いんじゃないかしら。下半身がどっしりと重い。

「ありがとう、久しぶりに英語しゃべれてうれしかったわ」と言われて、別れた。

パリ＝成田間の座席はフランス人夫婦の隣。五十代後半だろうか。東京にいる息子を訪ねるところだと言った。エールフランスのいいところは、ギャレーでカップヌードルとサンドイッチ、飲み物などがふるまわれることで、私などは、機内食をパスし、これで十分だった。たまった日記を書きつづっていると、隣のフランス人が、あなたはライターか？　とたずねた。

エコノミー席でもあまり疲れを感じず、眠ることもできた。エコノミーがまだ耐えられるというのは、自分の健康状態を知るバロメーターにもなる。

まもなく到着だというアナウンスがあり、窓からうっすら富士の影が見えた。ああ、無事に旅が終わる、大きなうねりのような感慨がこみあげてきた。

旅を終えて

無事に帰りついたという安堵感はすぐに、やったぞ、という達成感に入れ替わった。

わずか十二日間のあいだに、もう一度人生を生きなおしたような気がする。

自動ドアやエスカレーターやコンビニやウォシュレットのない生活環境で、ゆったりと暮らすように旅することとは、自分としっかり向き合うことでもある。これまでの人生の生活習慣、判断、決断、選択といった、自分の中で出来上がっていたもの全てが試されるからだ。なにより肝心な自分の体調を直感するのも早くなったような気がする。

イタリアにいる私は学ぶこと、感じること、そして知ることを楽しんでいる。フィレンツェで判断をあやまり、街はずれまで四十分近くも歩き続けたのも、未知のことを知りたくてたまらなかったからだ。

そして食べる楽しみがある。ヴィンチの家庭では決して食事に手を抜かなかった。命をはぐくむ食べ物を楽しんでつくっている。

イタリア語を一年学習したことで、現地の人々との交流が少し前進したと思う。次の目標ができた。短期留学である。

今回の旅行で、一人旅をする若い女性に何度か出会った。彼女たちには列車のステップを転げ落ちるような不安はない。そのかわりに男性の誘惑や、キャリアにまつわる野心などがつきまとうものらしい。

六十八歳の私にはそれがない。言葉や習慣は違っても、家族はおなじようなことに悩み、喜びや苦しみを分かち合っている。人生の晩年の旅であるからこそ、数々の出会いの中で、生きるための原点となる全てを理解し、心をとぎ澄まして体験できる。それを可能にさせてくれるイタリアが好きだ。

孫たちに伝えたい。ばぁばは今が一番楽しい。それは生きるということがどんなであるかがわかってきたからだ、と。

帰国して、スーツケースの片付けもすまないうちに、一つの病にとりつかれた自分に気づいた。頭の中のどこかに、常にイタリアが存在しているのだ。次の旅のことをいつも意識している。

あと何回イタリアにいけるだろうか。

旅をあきらめなければならないときが、あまり遠くない、いつかである寂しさをかかえてはいても、ひとつの旅を終え、大きな知恵を得て、またそれを生かすときが待ち遠しくなっているのである。

第二部

第一章　六度目の旅まで

イタリアへの一人旅も六回を越そうとしている、と話すと、何か特別の目的があって旅をしているのか？　と問う人がいる。旅をすること自体が目的であって、旅を成功させることは一つの作品をつくるようなものだと説明してもわかってくれる人は少ない。ツアーと違って、計画から手配まで、すべて自分でするとなると、かなり前もっての意識と準備が必要になってくる。このところ一年に二度旅をしているが、そうなると旅のことを忘れている日はほとんどない。一年の生活そのものが、旅を成功させるために努力する、すなわち、私の生きがいのようなものになっている。

夫の母は六十五になったとき、家の管理や、年間の行事の仕度や手配一切をあなたにお任せするわね、と言って、二階に居を移してしまった。私は現在六十八であるが、同じことを言って任せられるお嫁さんはいない。息子は未婚だし、娘はシングルマザーで仕事が忙しく、自分の家の管理だけで精一杯である。部屋数の多い築後四十年の古い家に住むのは楽ではない。いくら掃除しても家の中はなんとなく黒ずんでいて、掃除のしがいもないし、第一、丁寧に仕事をしようものなら、体のあちこちがみしみし痛みはじめる。長年頼んでいた植木屋さんもそろそろ老いてきて、なかなか来てくれない。シルバー人材センターに頼んで草取りをしてもらっているが、その仕事ぶりもつらそうで、はらはらしながら見守ることになる。

夫は外食が嫌いである。私自身も外に食べにいくのがだんだん億劫《おっくう》になってきた。だが、食べられればなんでもいいというような、食をなおざりにする気には毛頭なれない。納得のいく味のものを毎日つくりたいのである。そうなると買い物、食品の管理、始末、台所の衛生など、気を配るのは簡単ではない。なにもかにもが手早くいかないことを、日常何度となく思い知らされる。三十年奇跡的に動いていたエアコンも近頃、悲鳴に似た音を立て始めた。住人を始めとして、住環境も維持することにたずさわってきた人々も、すべてが老いてきたということであろうか。

そんな毎日から抜け出し、イタリアで過ごす二週間は、若いときの学生に戻ったような錯覚をおぼえるほどの、癒《いや》しの時間となる。一年に二度、合計およそ四週間の休暇をもらっているからこそ、さてまたがんばってみるか、と毎日の家事、孫たちへの援助をする精気も起きてくるのである。

初めてのホームステイにとても満足したので、毎回旅の半分はゆっくり一か所でこの形の滞在を経験することにした。

ステイ先の住居はホテルと異なり、街の中心から離れたところにあることが多いので、バスの乗りかたに慣れたり、一般庶民の暮らしぶりを間近に見られたりする。イタリアは観光客にとっては美しいものに満ちている天国のような場所であっても、暮らしている人にはその生活のリズムのゆるやかさが、苦労を強いたりしていること、また日本と同じように、変わりゆく家族の悩みがつきまとっていることなど、ホームステイをしているあいだに、実感することができる。だからこそ、イタリアという国への親近感も増すのである。イタリア語短期留学のときは、学校がステイ先を探してくれる。学びながら生活したあとは自由時間、観光やコンサート、オペラ、美術館めぐりなどにあてることにして、期間は二週間までと決めながら旅の計画を続けていけた。

二度目の旅は二月、パルマでオペラを観て三泊、その後フィレンツェで料理を習いながらのホームステイ七泊を過ごした。三度目は同じ年の十一月、いよいよイタリア語短期留学、一週間から受け付けてくれるのがわかったので、すでに見学済みのあのボローニャの語学校に自分で手続きし、このときはベルガモで二泊してから、ボローニャで一週間ホームステイしながらの留学、その後フィレンツェで四泊した。四度目は次の年の五月、再びボローニャで一週間留学、その後ウンブリアを観光、ペルージア、アッシジなどをまわり、フィレンツェに戻って二泊、二週間の旅であった。

ここまではフィレンツェはもちろんだが、パルマやベルガモ、アッシジ、ペルージアの宿泊地は、全てあのフィレンツェのエージェントのN子さんに手配してもらった。オペラのチケットや移動の列車などの情報、乗車券の手配も依頼した。ただし、四度目から列車だけは、イタリア鉄道のサイトから自分で手配できるようになった。

そして五度目の旅、ここで私はようやく、なにもかも自力で手配する旅を実現できたのである。これまで治安があまりよくないという先入観が消えず、ローマをひたすら敬遠していた。それがネットで探していたら、法皇の別荘地カステッリ・ロマーニに近いヴェレットリというところの別荘で、ステイしながらイタリア語を学べるホームステイスクールがあるのを知った。イタリアのクリスマスムードを味わいたいということもあって、急遽、十二月、ローマ市内に二泊、そこからこのヴェレットリに移動してイタリア語の個人教授を受けながら、三食つきのステイを楽しみつつ、見残していたローマの遺跡めぐりや、ティヴォリ、カステル・ガンドルフォ、ネミの博物館などへ行くことができた。

六度目の旅はこれまでの旅の総決算とも言えるものだったと思う。再びイタリア語短期留学で、一番行きたかった場所ウンブリアのオルヴィエートを選び、八日間滞在。作家スザンナ・タマーロが気に入って住んでいるという場所である。

山の上の素晴らしい眺望と、飛びきり美しいドゥオーモ、優雅な街のたたずまいを満喫し、ホームステイの食事のおいしさに舌鼓を打った。その後ローマに汽車で移動、ボルゲーゼ美術館、トラステヴェレの散策などを楽しみ、二泊し、空路でウイーンへ移動、そこで、友人と合流し、モーツアルトイヤーを体験した。ローマ＝ウイーンへのフライト、ローマ、ウイーンの宿、すべてをネットから手配した。

成田＝イタリアの往復は、これまで常にエール・フランスを利用している。当然マイレージが貯まって、優先的待遇が受けられる。六度目の旅は往復優待券を利用。エコノミー席でも自分の坐りたい席を確保してもらえるので、長旅もあまり苦にはならない。シャルル・ドゴール空港内を長々と歩く乗り換えのための移動も、かえって固まった体をほぐすほどよい運動のように思われるのである。

る、もっと具体的なヒントがほしい、と。このとき、これだけ大胆になれたのは、隣に坐った中国人の生徒が、この教師の怠慢な授業にほとほと嫌気がさしている、と耳打ちしたからだ。バアサンの正義感のむずむずはとまらなかった。

若い生徒たちは、不満があればクラスを休むか、やめてしまうだけで、文句を言うケースはあまりないらしい。教師はびっくりしたらしい。ヒントが少し出されて、シチュエーションがいくらか具体的にはなったが、私はまだ不満がおさまらず、終わったあとも事務所に行って、飛行機に乗ってわざわざ遠くから習いにきたのに、あまりにも期待はずれだ、ほかのクラスに変えてほしいと要求した。同レベルのクラスは他になく、変更はむりだったが、文法用の個人レッスンをもう一時間追加してくれることになった。意外だったのは、先刻の教師がわざわざ謝罪しに来て、私の意見を聞いてくれたことだ。翌日の彼女のレッスンは、しっかり準備してきたということがわかる具体的な提示が多く満足した。「ブラーヴァ！」という私の声に彼女も笑顔を見せていた。

個人レッスンは、言語の指導能力が非常に優れた教師が受け持ってくれた。いろいろな絵教材を使って表現力を引き出してくれたり、次々に質問をつくる練習をしてくれたり、さらには語学練習ばかりでなく、生活一般についての疑問にも応えてくれた。彼女が特にすぐれていると思ったのは、例文の作り方の巧みさである。たとえば「できる」という意味のイタリア語にはpotereとreuscireの二つの動詞があるのだが、それをどう使いわけるかたずねる山の上の素晴らしい眺望と、飛びきり美しいドゥオーモ、優雅な街のたたずまいを満喫し、ホームステイの食事のおいしさに舌鼓を打った。その後ローマに汽車で移動、ボルゲーゼ美術館、トラステヴェレの散策などを楽しみ、二泊し、空路でウイーンへ移動、そこで、友人と合流し、モーツアルトイヤーを体験した。ローマ＝ウイーンへのフライト、ローマ、ウイーンの宿、すべてをネットから手配した。

成田＝イタリアの往復は、これまで常にエール・フランスを利用している。当然マイレージが貯まって、優先的待遇が受けられる。六度目の旅は往復優待券を利用。エコノミー席でも自分の坐りたい席を確保してもらえるので、長旅もあまり苦にはならない。シャルル・ドゴール空港内を長々と歩く乗り換えのための移動も、かえって固まった体をほぐすほどよい運動のように思われるのである。

第二章　イタリア語、その後

現地での短期留学は四回経験した。どれも一週間ずつである。短い。せめて一ヶ月留学できたら、ずいぶん進歩するのではないか、と思う。でも二週間の旅は私にとってまことにほどよい長さで、その期間を全部、語学習得に当てるほど熱心になれない。集中力が続かないということもあるが、仕事をするとか大学に入るというような一大目的があるわけではない。要は現地の人とのコミュニケーション力を高めるためなので、コースを終えたあとのフリータイムをどうするかの方が大きな意味を持つことになる。

語学校でのクラスメートは若い人ばかりである。ボローニャでは日本人が大勢いた。圧倒的に女性が多い。みなイタリアで働きたいと言っていた。現地人でさえ、すごい就職難なのに、ちょっとイタリア語が話せるようになったからといって、そう簡単に仕事が見つかるものだろうか、と疑問に思うのだが、日本でＯＬ生活を何年かして、ためた貯金を全部はたいて、イタリアに来て、なにかよいことないか？　と望みを持ちながら、滞在する若い女性は増えつづけているようだ。

三度目の一人旅で入学したボローニャの語学校では、初級の上ぐらいのクラスに途中入室することになった。できれば集中講座を受けたかったのだが、私のような年齢の生徒が一人だけ短期間受講するケースはめずらしいのか、それは叶わず、まずは既成のクラスを経験し、あとは個人レッスンで補うという処遇となった。午前中、文法と会話のクラスレッスン、午後個人レッスンという時間割が組まれた。クラスの人数は両方とも、十人ぐらい。

文法は再起動詞をしていたが、生徒を二人組か三人組にして、共同作業をさせ、あとで発表させるという授業形式。会話や場面を想定してせりふまで考えるというのは、生徒に負担が多すぎるのではないか。語彙《ごい》の少ない初級にこんなクリエィティブな要求をするなんて。日本のイタリア語学校でもさんざん経験した教授法、またか、の心境にもなる。だがここは本場なのだ、指導に工夫があるかも知れないと期待したのだが、裏切られた。よく見回りをして、状況を把握し、助言を与えるなどしてほしいのに、教師はそれをまったくしない。

その日も一枚の写真がくばられ、どういう話か考えろという。名札をつけた中年男性が二人、車の前に立っている写真。場所、年齢、職業、使うべき動詞などの提示もしないで、教師はデスクのまえで提出物の添削か何かをしている。私は手をあげて、イタリア語と英語を交えて、抗議した。これではあまりにも漠然としていてストーリーの可能性の範囲が広すぎる、もっと具体的なヒントがほしい、と。このとき、これだけ大胆になれたのは、隣に坐った中国人の生徒が、この教師の怠慢な授業にほとほと嫌気がさしている、と耳打ちしたからだ。バアサンの正義感のむずむずはとまらなかった。

若い生徒たちは、不満があればクラスを休むか、やめてしまうだけで、文句を言うケースはあまりないらしい。教師はびっくりしたらしい。ヒントが少し出されて、シチュエーションがいくらか具体的にはなったが、私はまだ不満がおさまらず、終わったあとも事務所に行って、飛行機に乗ってわざわざ遠くから習いにきたのに、あまりにも期待はずれだ、ほかのクラスに変えてほしいと要求した。同レベルのクラスは他になく、変更はむりだったが、文法用の個人レッスンをもう一時間追加してくれることになった。意外だったのは、先刻の教師がわざわざ謝罪しに来て、私の意見を聞いてくれたことだ。翌日の彼女のレッスンは、しっかり準備してきたということがわかる具体的な提示が多く満足した。「ブラーヴァ！」という私の声に彼女も笑顔を見せていた。

個人レッスンは、言語の指導能力が非常に優れた教師が受け持ってくれた。いろいろな絵教材を使って表現力を引き出してくれたり、次々に質問をつくる練習をしてくれたり、さらには語学練習ばかりでなく、生活一般についての疑問にも応えてくれた。彼女が特にすぐれていると思ったのは、例文の作り方の巧みさである。たとえば「できる」という意味のイタリア語にはpotereとreuscireの二つの動詞があるのだが、それをどう使いわけるかたずねると、例文の提示とともに、シチュエーションの提示もすかさずしてくれて区別をしやすくしてくれる。こういう表示の仕方は言語教師のもって生まれた感性によるものではあるが、初級から中級にうつる生徒が直面する語彙の把握段階では、それを導く教師に必須の最も効果的な指導法だと思った。

現地でクラス授業に途中参加する場合には、かなり教師の当たりはずれがある。こんなレッスンを受けたくないというような不運にみまわれたときは、どんどん抗議するべきだと思う。初級の上程度ではまだ語彙も少ないが、そういう場合にそなえて抗議するときの言いまわしや、質問に使う語彙などをあらかじめ用意しておくことは、短期留学するうえの心得のひとつであろう。

この時期、自分に足りないと思ったのはヒヤリングの訓練である。ボローニャの書店でCDの教材を買った。十二人のイタリア人にインタビューしたもので、練習問題つきのテキストもついている。これは現地にいてこそ見つけることができたベスト教材であった。

その後一年のあいだに必要になってきたのは、読解力である。短編小説とか日常生活で遭遇する文例などをまとめて教えてくれるクラスがあれば、と思ったが、日本の語学校では読解のクラスがなかなか成立しない。結局、少々背伸びして、新聞記事を読むクラスに入ったが、これはきつかった。イタリアの新聞や、雑誌の記事は独特のアイロニーを含んだ書き方をしていて、理解困難な上に、あまりにも知らない単語が多すぎて、ひとつの記事に辞書引き百回以上のときもあり、ほとほと疲れてしまった。だがなんとか挫折せず、ついていったおかげで、イタリア語の長い文章を見ても、辞書さえ引けば読めるという慣れのようなものを感じられるようになった。

ホームステイのときのマンマや、イタリア語学校の教師と手紙やメールでやりとりするうちに、文章をつくることにも大分なれてきて、ホテルや、語学校の問い合わせなどもイタリア語ですることにあまり抵抗を感じなくなってきた。冠詞や動詞の単数、複数、性の区別の間違いは沢山してはいるが、ともかく意味が通じる文が書けるようになっている。

七度目の旅をどのようにするか考えているうちに、最初の一週間を今回は語学習得にせず、イタリア語を使って、なにかを習うことにしたい、と望むようになった。自分が一番楽しめるなにか、今の私にはそれはブリッジをすることである。イタリアはブリッジの最強国の一つである。去年、ローマのブリッジクラブでゲームをすることができた。

クラブが探せたのはヴェレットリの教師フランチェスカが、ブリッジ教師マルコ・トライオーニ氏のサイトを教えてくれたからである。思い切って彼にメールし、私のローマでの滞在先に一番近いクラブが探せたのだった。マルコは自分の所属クラブがあり、そこでクラスも開いて教えている。そうだ、今度の一週間はブリッジ・ウイークにしよう。彼のクラスに臨時に出席させてもらい、ブリッジをイタリア語で習う。ブリッジはもう十五年もやっているから、いまさら習うでもないが、イタリア語でブリッジをすることを習うのである。それと、毎日夕方から開かれているゲームに参加させてもらう。それをマルコにメールして問い合わせてみたら、大歓迎、という返事がきた。ブリッジの日伊親善のためにも、という言葉が添えてあった。

第三章　三人のパドローナ

フィレンツェ＝ジョヴァンナ

フィレンツェの旅行エージェント、N子さんが探してくれたホームステイ先の女主人、一回り年下、五十代後半の未亡人である彼女は、サントスピリトの古いパラッツォの四階に住んでいる。私が東京で築後四十年の古い家に住んでいる、と話したら、モニカ・ヴィッティ似の顔を笑みくずし、ここは築後四百年よ、と言った。

そう、ルネッサンス後期の建物、階段もふぞろいで四階までの上り心地は一山超えたほど、息切れがなかなかおさまらない。まさにフィレンツェの住居である。だが一歩ドアを入ると、インテリアは明るく、家具の色調といい、敷物、カーテン、調度、飾り物すべてがセンスあふれる美しさを保っている。私の居室になったダブルルームには、植物がいっぱいのプライヴェートテラスがついていて、そこからサントスピリト教会の鐘楼が見える。まことに快適といいたいところだが、このときは二月、石造の古い建物はものすごく冷えて、湯たんぽがほしいと切実に思ったほど。ホッカイロでなんとか冷えをしのいだ。

彼女は陶芸家として成功し、工房も持っていたが、湾岸戦争の影響で倒産。その後、方向転換し、ルネッサンス時代の料理研究家として成功、現在はバールも経営している人。壁にかけられている陶芸作品はどれもとても繊細な絵柄で、なみなみならぬ才能だとわかる。

二十代のお嬢さんが一人、やはり陶芸家で、独立している。才能はあるのだけれど、自分の助言を受けようとしない、ジョヴァンナは母娘の関係のむずかしさを語った。私も娘の反抗期にとても悩んだ過去があるので、母と娘は時としてライヴァルのような関係にはなるけれど、それが刺激となって長い眼で見ればかならずよい成長を見せてくれることになると、話したら、共感を示してくれた。

このときの会話は英語だったが、彼女のイタリア語は正統派のフィレンツェ語で、実に響きも発音も美しかった。一週間の滞在中、三回ほどイタリア料理の個人レッスンをしてもらったのだが、メニューの取り合わせ、味付けはどんなレストランもかなわないのではないかと思われるほど、格調高く、まろやかな口当たりで忘れがたいものだった。

第一回目のレシピはカルチョーフィ（アーティチョーク）、ニンジン、フィノッキオ（ウイキョウ）の生野菜を切って、サルサソースを添えたアペタイザー、ほうれん草とリコッタチーズのニョッキ、チキンのフリカッセ、それにカスターニャッチオというクリの粉のパンケーキであった。イタリア独特の野菜フィノッキオに夢中になったのはこのときである。見た目はセロリの親玉みたいだが、その香りと風味がなんともいえない。ジョヴァンナは野菜を切るのに、ペティナイフを見事に使いこなす。みじん切りなどは両手でゆらしながら切る半月型のナイフを使う。大きな片刃の包丁で全てをこなす日本料理とはまさしく異なる調理であった。

メインのチキンのフリカッセはチキン胸肉、玉ねぎ、パセリなどをスープでじっくり煮て、最後に卵黄とレモンジュースをかたまらないように溶きこんで仕上げる。これと非常に似たレシピをYWCAの料理教室で習ったことがある。そのときはミルクを加えたもので、フレンチチキンフリカシーと呼ばれていた、と話したら、ジョヴァンナは、この私のレシピはカテリーナ・デ・メディチがフランス王にとついだときにフランスに持参したもので、これこそ正統派よ、と胸をそらせて言った。たしかにイタリー独特のスパイスのジネープロやサルヴィアなどを入れるところが違うし、ミルクが入らないので、味が俗っぽくない。さすがメディチのレシピだと感嘆したのだった。帰国してから、一、二度つくったが、夫がチキン嫌いなので、夕食の献立になることはまずない。せっかく買ったジネープロも古びてしまっている。残念でならない。

このあと、三度目の旅でもう一度ここにステイしたが、四階までの階段はやはりこたえた。ダブルルームにあった冷蔵庫が消えていて、あれ、と思ったが、ジョヴァンナも心なしか疲れているように見えた。案の定、腰を痛めていて、引っ越しを考えていると言っていた。バールも近々手放すらしい。隣の建物に足場が組んであって、そこに二匹の飼いネコが迷い込むので困ってしまう、工事の予定はまさしくイタリア流で、いつ終わるともわからないのだと眉を寄せている。それにしても日々の暮らしで、あのふぞろいな階段はさぞ苦になるだろうと思うのだが、そうまでしても歴史あるパラッツォに住む誇りを持ち続けようというのがフィレンツェ人たるゆえんなのだろうか。フィレンツェに滞在することの素晴らしさよりも、暮らすことがどれほど大変か、感じさせられた旅となった。

ボローニャ＝ミマ

ボローニャのイタリア語学校が見つけてくれたステイ先の女主人。三度目の一人旅は十月末、シャルル・ドゴール空港で乗り継ぎをし、まずボローニャに着いてから、ベルガモに行き、ドニゼッティー劇場でオペラを見る予定にしていた。大きいスーツケースだけを、三日後からステイする彼女の家に預かってもらうため、着いた日の午後訪ねた。駅からタクシーで十分ほどの住宅地、斜め前は教会である。四階だてのアパルトメントの三階。小さいエレベーターがついているが、いちいちカギを使って開けるので、彼女が留守のときは使えないことになる。玄関ホールの左側に二部屋、奥に三部屋、右にキッチンとバスルーム。私のほかにスエーデン人の学生が三人ステイしていた。

初対面のシニョーラ・ミマは化粧気のない、地味な人で六十九歳の歳相応に見えた。ところが、ベルガモから戻ってきた土曜日、迎えてくれた彼女はガウン姿で、頭にいっぱいのカーラー。さらに、半時間後、セットしおわったカールのゆれる髪と、薄化粧とで、一段と華やかになり、年老いたヴィットリオ・ガスマンみたいな紳士と腕を組み、チャオと手を振って出かけてしまった。ステイメイトのスエーデン人の学生たちは、ミマが料理しているのを見たことがないから、食事つきというのはなにかの間違いではないか、などと言う。

彼女は毎週末、あのフィダンザート（婚約者）とモデナの山荘に一泊して帰ってくるのだそうだ。なにやらアモーレで忙しそう。急に不安になって近くのスーパーに買い出しに行った。ミルク、ヨーグルト、サラミ、チーズ、トマトにルッコラ、黒オリーブ、フォカッチャなど買い、〆《しめ》て一三ユーロ、安い。スープはベルガモで買ったインスタントがまだ一袋あまっていたのを使う。我ながら実にほどよい、おいしくて楽な夕食となった。

翌朝、戻ってきたミマに確かめると、二食付きは心得ていると言ってくれたので、大安心。即金で一週間分をおさめる。

英語は一切話さないので、まだ初級を出たばかりの、私のイタリア語会話力ではかなりの努力が要った。ゴミはどうやって捨てるのか、と訊くにも辞書で、ゴミ、捨てるなどをひいてから文を組み立てなければならない。彼女も心得ていて、あまり余計なことは話しかけない。いざとなったら、スエーデン人に通訳してもらうつもりなのだろうが、あまりフレンドリーとは言いがたいあの学生たちに、通訳は頼みたくなかった。

最初の夕食の献立はホーレン草のニョッキと、ステーキ、インサラータミスタ（ミックスサラダ）、味は上品でジョヴァンナに負けないぐらい美味《おい》しい、ホームメイドならではの味。しかもここは美食の街ボローニャである。ミマは夫に先立たれてから、夫の友人だったジョルジョと親しくなり、いまの仲となったのだという。長い付き合いなので、と言っていた。三十代後半の娘さんが一人、ティーンの孫娘がいる。離婚していて、週に二日ぐらい夕食を食べにやってくる。ミマはどちらかというとシモーネ・マルティーネ描くマリア像みたいな顔だちだが、娘さんは父親似なのか、気性が激しそうな現代的な美人だった。

スエーデン人たちはミマが料理をしているのを見たことがない、と言っていたが、それは彼女が昼間のうちに下ごしらえを全部しているせいではないかと思う。具沢山のスープやリゾットはそれができるからだ。野菜が色とりどりに入ったミネストロはおいしく、おなかにやさしい。しかもいかにもマンマ独特の味というようなキャベツの煮込みやら、ポテト、カボチャ、豆類などのコントルノがついていて、デザートには手製の果物のコンポートなどをすすめてくれる。ブロッコリーとポテトを入れたパスタにゴルゴンゾーラチーズをからませたもの、ナスやピーマン、トマトを入れたスペイン風オムレッなど、「ブオーノ!!」と叫んでいるのは私ばかりで、ジョルジョはいつも当たり前みたいな顔をしている。私はお酒があまり飲めないほうなのだけれど、ボローニャのランブルスコ・スプマンテはちょっとドルチェで大好きになってしまった。

私の会話力が不十分のせいばかりではなく、ミマはもともと寡黙な人のようで、ジョルジョとも絶えず話しているふうでもない。主婦能力はまことに素晴らしく、料理の腕ももちろんであるが、掃除や洗濯も実にまめにしていて、同居人がこんなに大勢いるのに、家の中はいつもきれいで清潔である。後片付けを手伝おうとしても、「ラッシャ、ラッシャ（ほっといていいのよ）」と言って一人で手早くやってしまう。

朝はシリアル、果物、ビスケットや薄切りのパンなどで、エスプレッソを必ず入れてくれる。自分でわかすから、と言うのだが、「これはわたしが……」と言って、八時までに間に合わせてくれる。朝のテレビでは毎日きょうの星座の運勢というのがあるのだが、私たちは共に水がめ座なのだとわかった。「水がめ座は一人でいるのが好きなんですって。だから私は一人旅しているの」と言ったら、「私もそうなんだけれど、今はこういう状態なので」と言っていた。彼女は日本ではいまや珍しくなっている、尽くし型の女性ではないかと思った。

ミマのアパルトメントはバス停まで二、三分、スーパーまで五分、ボローニャ駅や街の中心、マッジョーレ広場までバスで十分、まことに便利なところで治安もいいので、気に入り、半年後、五度目の一人旅のときもここに泊まった。五月なのに、寒の戻りがあって、すごく冷えた日があり、彼女もひどく咳き込む日が続いた。それでも料理だけはきちんと出してくれる。私も喉が怪しくなり、語学校を早退《はやび》けしてベッドにもぐりこんだ。でもすごく寒い。

毛布を頼んだら、洗いざらしのフェルト状になったような一枚をくれた。日本だったら、とっくに捨ててしまっているようなシロモノである。クリーニングには出さず、うちで手洗いしているものなのかもしれない。倹約しているのだな、と思った。持参の風邪薬と、熱いシャワーを肩と首のうしろに何度もかけて、どうやら持ちなおした。

ミマの料理は少し味が落ちたように感じた。七十という年齢は手作りの味にもむらができる年代なのかもしれない。ジョルジョとの仲はあいかわらずよくて、二人でトランプ遊びなどしていた。ミマは手紙を書かない。クリスマスごろに突然電話をかけてくるので、電話の会話がとりわけ苦手な私は、すぐにはイタリア語の頭になれなくて、アワアワしてしまうのだった。この一年ご無沙汰なのだが、元気でいるのかしらと気になっている。

オルヴィエート＝ラケーレ

オルヴィエートのイタリア語学校が見つけてくれたホームステイ先の女主人。やはり未亡人である。同年代というので、友達のように付き合えるかと思っていたが、彼女は最後まで私をセニョーラと呼んでいた。短い黒い髪の典型的なイタリアのマンマ的体形。がっちりした肩、どっしりした腹部と腰。メガネをかけている。バスの乗り場や、美術館への道など、地図を出してたずねても、地図を見ようとしないし、国際電話のかけ方もよく知らないらしいし、調べてくれそうにもなく、なにかおかしいと思ったら、片目が緑内障でほとんど見えないのだそうだ。語学校の受付の女性から聞いてわかった。それでも家事は大ベテラン。家中ピカピカだし、縫い物、つくろいものなどまめにこなし、機械編みの内職までしている。私の滞在中にバスルームのカーテンを縫い上げて、見てくれ、見てくれと得意そうだった。同い年ぐらいなのに、なんだか、私の母を見ているような気がするときがあった。

住居はチェントロから五分ぐらいの住宅地にあるアパルトメントの三階。私の部屋には小さいテラスがついていて、室内もベッドに手製のキルトがかけてあり、デスクもあり、居心地は満点。このステイで唯一の難点はシャワー。浴槽がついているのに、それを満たせるだけのお湯の量がない。シャワーの出もチョロチョロ。貯水の容量を最小限に倹約しているのである。五月末でよかった。これが寒いときだったら、大変。

アパルトメントの前は広場のようになっていて、道をはさんで、駐車場、バス停もある、まことに便利なところ。しかも視界が開けていて眺望もよく、下に降りていく道をたどると、公園のようになった場所があり、さらにその道を進むとオルヴィエートの丘を囲む遊歩道に出る。五月のため息が出るような美しい緑とアイリスの花々、ウンブリアのなだらかな山々のパノラマ、それを眺めながらの散歩は天国の近くではないかと思うほど、心がはずむのだった。

ラケーレの料理は最初のラグー（ミートソース）の味が濃すぎたので、どうなることかと思ったが、翌日からミネストロやリゾットなどオーダーを出すようにしたら、野菜が沢山入ったまろやかな味が続き、夕食が楽しみになってきた。一度など、ローストチキンのメニューで、切り分けるのに大きなハサミを使うのである。オリーブオイルで焼いているせいか、香ばしくてすこぶるつきの美味しさだったが、ハサミで切るのは力が要って難儀そうだった。さぞ肩が凝っているだろうと、マッサージを申し出て、肩をしばしもんであげたら、とても喜んでいた。目が不自由なせいか、あまりオルヴィエートから出たことがないらしい。ヴァカンスも娘のつきそいがあるときだけ、と言っていた。

とてもご自慢の娘さんで、器量よしのアーティスト、ローマの富豪の息子との結婚が決まっていたのに、挙式一週間前に相手が事故死して、娘の人生は狂ってしまった、絵画の修復の仕事をしているが、住まいが定まらず、行く末が不安でならない、と話す。その不安は行動にあらわれ、毎夜、九時には必ず電話をかける。せりふも決まっていて、電話の向こうの相手もそれ以上の話がはずむでもなく、四、五分の会話なのだが、母の慈愛があふれていて、胸に迫る。いまはみんな若い人たちが忙しくて、昔のように食卓をかこむということがない。私は家族のためにこれだけは力が続く限り、努力して役に立ちたいのだということを二十分ぐらいしゃべり続けた。私のヒヤリング能力では半分ぐらいしかわからなかったが、その心やりだけはしっかりと感じとれた。

ラケーレは実によくテレビを見る。毎晩、七時過ぎに始まる世相を風刺した一こま漫画という題の番組を見ながら、大声で笑うのだ。日本の吉本の漫才コンビみたいな二人組が出てきて、実在の政治家や大学教授、有名人たちを槍玉にあげ、笑いものにする。吉本的コンビがいたり、みのもんたみたいな司会者がいたり、ヴァライエティーはどこも同じだな、と思った。

私は食事のあと少しそれに付き合ってから、宿題をするからと言って引き揚げるのだが、彼女はそのあとの連続ドラマもすごく楽しみにみていて、ため息をついたり、掛け声をかけたり、感情移入がハンパじゃない。その声はすごくよくひびくアルトなので、ドアを閉めていても聞こえてくる。鼻歌もよく歌う。のど自慢に出たら、絶対合格しそうな美声であった。

一人暮らしをしていた私の実母が、テレビを見ながら声を出して笑ったり、思ったことを声に出して言うようにしないと、一日中だれとも話さないときがある、と言っていたのを思い出した。ラケーレも、ああやって一人暮らしの日常のわびしさを消そうとしているのだろうか。

第四章　突然の試練

七度目のイタリア一人旅を計画中に松葉杖生活が始まった。転んだのである。

八月の第三土曜に二子玉川で花火があって、せめて遠見で丸子橋から眺めてみたいと、出かけたのだった。玄関でスニーカーをはくべきかと思ったが、靴下を取りに戻るのが面倒だったので、素足ではけるヒールのあるサンダルをはいてしまったのが間違いだった。家から三〇メートルぐらい歩いたとき、左足がなにかに引っかかったと思うまもなく、体が宙に泳ぐようにバランスを失い、バターンと激しく前のめりに倒れた。なんとか立ち上がれたので必死で家に戻り、両膝、両手のひらを消毒して手当てする。左足の甲がぷくりと不気味にもりあがっていたが、特別激しい痛みはなかったので、シップし、冷やし、早めに床に着いた。日曜日、かかとをつけばどうにか歩けたし、状態は悪化しているように見えなかったので、とくに安静にしないでいた。

月曜日、患部は赤黒くはれていて、にぶい痛みがあった。田園調布中央病院の整形外来で待つこと三十分。廊下の通行人の一人にかかりつけの開業医内科の老先生を見かける。ご近所みんなも歳をとってきているのだ。整形の先生はおだやかな感じの若い人で、うーん、これは骨折しているみたいだな、レントゲンをとりましょう、とのこと。レントゲン室までは杖をつきながら、そろそろ歩いていった。ひざの部分も混ぜて十枚ぐらいの写真をとる。

結果はやはり骨折。手術はしないでいいけれど、当分松葉杖ですね、といわれる。来週軽井沢に行くんですが、と言うと、車でなら行けるでしょうけど、松葉杖生活ですよ、との応え。腫《は》れがとれたらギプスをします、とれるのに一ヶ月。そうしたら、外出できますか？　でも松葉杖ですよ、えっつ？　まだ松葉杖！　これは大変、およそ二ヶ月すべての予定をキャンセルしなければ、頭の中で約束した相手の顔がぐるぐるまわる。

十一月に海外に行くかもしれないのですが？　それは行けるでしょう。はっきりした返事だったが、矢継ぎ早の質問にやさしそうな先生も硬い表情になった。ここのバンソウコウの替えを少しくださいと言いながら、擦過傷のとりわけひどい右手のひらを見せたら、おやっ、ここもまさか骨折してるんじゃないだろうな、とか言われてもう一度レントゲン室へ。今度は車椅子で押していってもらえた。手のほうはどこもどうもなさそうだとのことだが、でも骨折は隠れているときがあるから、とまた不安材料。覚悟はしていたが、まさかこれほど大変なことになろうとは。

さあ、松葉杖少し練習してくださいい、と看護師さんに言われて二、三歩前に出たが、すぐ脇の下の痛さに音をあげたくなった。これが一ヶ月以上も続くなんて、どうしよう!

夫の迎えの車に乗る。そうか、きみもやっとバアサンの仲間入りってことだな、と笑われる。迷惑をかけるわね、と言うと、ひまなんだから、仕事ができてよかったってことさ。とありがたい返事。

我が家の玄関まで、道路から四段ほど階段がある。これが困った。松葉杖ではもちろん上がれない。片足ではとても無理だし、這って上ろうにも左足に力が入る。仕方なく、夫の肩を借り、手すりに身をもたせかけるようにして上ったが、左足のかかとは下についてしまった。階段は下りるより、上るほうがつらい。

自室に入るなり、軽井沢のキャンセルの手続きをする。いまなら払い込んだ全額が戻ってくる。ところがFAXが居間だから、松葉杖で移動しなければならない。我が家は二所帯住宅をつなげたややこしい家屋なので、私の部屋から居間までジグザクと鉤《かぎ》の手になって十メートルぐらいの廊下がある。それがはるか彼方のゴールみたいに思えた。脇の下に杖の取っ手が食い込む。夫が見ていて、「下手だなぁ。コツをのみこみゃ、なんてことないのに」と笑う。ウンシン(運動神経)のある彼とは違うんだ、私は。

トイレがまた大変! 自室のドアを開け、廊下をへだてた向かい側ではあるが、段差があるのだ。半畳ほどのせまさだから、位置交換が実にむずかしい。トイレの回数は近いほうで、夜中に二度は必ず行くので、いったいどうなるんだろう。倒れて二次災害にならないだろうか？

自室内でもベッドからパソコンまで五メートルぐらいある。この距離にもため息が出る。やっとたどり着いてイタリア人にレッスンのキャンセルメールするのに、あっ電子辞書、ベッドのそばだった、松葉杖が鉄製のように重たく感じた。こんなことなら、自室の整理、掃除をもっとこまめにすましておくのだった。悔やんでみてももう遅い。

約束をしていた友人、知人に次ぎ次ぎ電話をする。

「あなたもやっとわたしの苦労がわかったでしょう」と言ったのは、両手首骨折の経験のある人。

「歩けるようになってもね、こわくて前みたいにすぐには歩けないのよ。下手するとまたおなじとこ、やるからね」と、はしゃいだような声でおどかす人もいる。

一週間先のブリッジのチーム戦をキャンセルすることになったのに、パートナーは大いに同情してくれた。間近でピンチヒッターを探すのはまずむずかしいのに、彼女の言った言葉は私には一番うれしかった。

「S子さんも同じような骨折なさって三ヶ月ぐらい休まれたのよ。でもいまはすっかりよくなってお元気。あの方は七十過ぎよ。あなたはそれよりお若いから大丈夫、大丈夫」

昼は出来合いの茶巾鮨。夜は夫の得意のスパニッシュオムレツ。どれもおいしく少し元気になった。でももう一週間以上も丁寧な掃除をしていない、家の内部はどこもごみだらけ。夫は料理上手だが掃除苦手の人だから、これは頼みにくい。しばらくは目をつぶらなくては。ここをして、あそこはもうしてくれた？　と催促されるのが一番頭にくるらしい。

「しばらくはオレにどぉーんと任せろよ」とけわしい顔と声。

ちょっとしょげていたとき、「ばぁば、大丈夫？」。ドアのすきまから孫娘が顔をのぞかせた。「なんでもお手伝いするから言ってね」。塾の夏期講習の帰りに寄ってくれたのだった。落ちているものを拾ってくれたり、ドアの開閉を手伝ってくれたり、紅茶を入れてきてくれたり、五年生の彼女、なんでもこまめに動いてくれる。松葉杖を見て、これ、やりたかったんだ、と言って、サイズは大きめなのに、すぐなれて器用に歩いてみせる。コツさえのみこめば大丈夫だよ、ばぁば。発表会が近いからとかでピアノを弾《ひ》いてきかせてもらっているうちに、少し気力が戻ってきた。明日また頑張ってみよう。

汗まみれになったから、シャワーを浴びたいと風呂場に行ったが、左足をつかないようにして着替えなどできない。そうだ、義母を介護したときのシャワー用の椅子がまだあるはず。早速《さっそく》もってきてもらった。これがまことに具合がよかった。どう具合がいいかというと、骨折したほうの足を、ふたをした風呂桶にのせ、坐って脱衣できるし、坐面に穴がたくさんあいているので、すぐにかわくのだ。だから、体をぬぐった後、そのタオルを敷いて、ふたたび着衣も可能である。衣服は着脱が楽な前あきのワンピースに限ると思った。パンツルックはしばしおあずけ。当分お風呂もおあずけ。でもイタリアでもほとんどシャワーだったのだが、体調はよかった。首の痛みにも肩の凝りにも、熱いシャワーをゆっくりかけると軽減する気がする。

松葉杖づかれですぐ寝られるかと思ったのに、そうはいかなかった。眼がさえて不安ばかりが大きくなる。松葉杖はもう見るのもいや。いつかつんのめってまた転んでしまうような気がしてくる。ラジオ深夜便を聞きながらうつらうつらうつらして明け方、眼がさめる。トイレに行く。戻ってきて思いついた。

そうだ、手すりをはりめぐらしたら、ケンケンしながらの移動が少しは楽になるだろう。朝一番で出入りの大工さんに電話をしよう。二階に住んでいた義母が転んで捻挫したとき、私は大田区の福祉事務所に行き、介護保険で手すりを無料でつけてもらう手続きをした。すべてがとても迅速に運んで、階段に昇降機までつけようかという話も出たくらいであった。あのときの義母は七十代後半ぐらいだったから、現在の私よりはずっと歳をとっていたわけだけれど、私も三年間、介護保険を払っているのだから、援助が出るかも知れない。ともかく役所に訊いてみることにしよう。それと歩行器も使えるのではないか？　これも情報がもらえるだろう。なんだか少し希望が出てきた。

第五章　猶予期間

金曜日、病院に行くまでに、なんとか腫れをとっておかなければ、ギプスをしてもらえない。足はなるべく高くして、負担をかけないように、安静にすることを守らなければならないのだが、そうはいかなかった。火曜に夫がてんてこ舞いすることになる。植木屋さんと大工さんと、大田区の介護センターの人とが鉢合わせ。それに夫の寝室のエアコンがこわれて修理の人まで来る。私も寝てなどいられない。介護センターの人と話す。介護保険制度の見直しがあってから、めっきり厳しくなったそうで、今度のケースではまず援助金は出ないだろうとのこと。ただ、自室からこの居間までのジグザグ距離の大変さはだれがみてもわかるから、そのあと区からの補助が考慮されるかも知れないとのことだった。

出入りの大工さんは、めっきりと老け込んでみえた。二度も落下事故を経験したとか。彼には我が家の二度の改築、その後の修理、補修など、全て面倒をみてもらっている。あれから、二十年、家の老朽化と共に、住人の老化も合わせて見届けている証人とも言える。植木屋さんは元気そう。汗をいっぱいかく仕事は健康によいと聞いたけれど、でもこの八月の労働はきびしいだろう。お茶を三度出すほうも大変である。夫にただただ感謝。

介護センターに相談してよかったと思ったのは、すぐ歩行器を手配してくれたこと。どこに頼めばいいか選択するのがわずらわしいし、あちこち電話したり、調べたりする手間が省けたのはありがたかった。若い学生みたいな業者が汗をふきふきやってきて、二種の歩行器を持ってきた。車輪の大きいほうが性能がよいとかですすめたけれど、実際動かしてみたら、車輪の小さいほうが軽くて使いやすく、そっちに決めた。重量がいかにからだにこたえるか実感済みだったからだ。

夫がいいこと思いついたといって、二階から義父が使っていたキャスター付きの椅子を下ろしてきてくれた。これと歩行器と、松葉杖がいまのわたしの足。松葉杖も練習したら、少しなれてきた。考えてみると、寝ているほうが多くて運動不足になるのだから、これはその解消法になっているのかも知れない。

大工さんと歩行器の業者の人が帰って、夫が両親の住んでいたほうの二階に行っていたとき、居間の電話が鳴った。エアコンの業者の人から、急ぎの電話。夫しかわからないこと。困った。二階にインターホーンはない。うっかりケイタイも寝室に置き忘れていた。怒鳴っても聞こえないし、動けないし、苦肉の策で、松葉杖で天井を叩く。四回ぐらい強く叩いたら、夫が降りてきた。

郵便物の整理や買ってきたものを所定の場所にしまうことや、テーブルの上の整理などに、燃えないゴミと燃えるゴミの始末がつきまとう。燃えるゴミは居間のくずかごに、燃えないゴミはキッチンにと入れ場所を別にしていたので、これまでなにげなく行き来していたことが、この足の状態ではとても負担になるのだ。テーブルの向こう側に移動してアイロンがけをすることさえ、億劫になってしまう。そしてそれらをいかに効率的にできるように、生活の見直しをすることが必要だとはわかっていても、それをする気力が今はない。

悪いときには悪いことが重なるもので、飼いネコが排泄を外でしなくなった。食欲もあるし元気なのに、八年目にしてどういうことなのだろう。カラスにでも追いかけられて怖い目にあったのかしら。排泄物を取り去って、砂をたし、入れ物を天日で干すのがまた大仕事である。かがんだり、しゃがんだりすることがむずかしいので、これも夫に頼むことになる。「どうして外でしてくれないのよッ」と怒鳴ってしまうが、ネコにもろもろの憤懣をぶつけても仕方がない。

ともかく移動するときになにが必要か、自分がそこで何をするのか、しっかり計画をたてて、先読みをしなければならない。なんのことはない、イタリア一人旅のときと同じではないか。せまい空間なのに、片足が不自由なだけで、気力と判断と体力をこれだけ使うことになろうとは！

第六章　もう一つの痛み

最初に異常を感じたのは、二年ほどまえ歌舞伎を前から五番目ぐらいの席で観たあとだった。すごく首が疲れたのだ。パソコンの作業が生活の一部に入ってくるようになって、その疲れは頻繁になり、ついには、ひどい頭痛を伴うようになった。整形外科の診断では、頚椎の軟骨の一部が磨りへっているのだという。まあ、老化ですね、そのなで肩を長い間、細い首が支えてきたせいもあるけど……、といわれる。しばらくリハビリで首の牽引をしてもらったが、効いたという感覚はあまりなかった。肩こりやストレスをさけるように、とも言われたので、定期的にマッサージに通ったり、スケジュールをゆるめたりして、頭痛だけはとれたのを確かめた。

去年の十二月、五度目のイタリアの旅行を前にして、頭痛がぶり返した。『ばぁばのイタリア一人旅　第一部』の原稿をかきあげるまでパソコンに向かうことが多かったのと、急遽《きゅうきょ》決めた十二月の旅行の仕度が、押せ押せになっていた年末の家事と重なって、過労になっていたのである。旅程はローマのみ、ネットで見つけたカステッリ・ロマーニのイタリア語ホームステイスクールに八日間、着いた直後だけ二泊、ローマ市内のB＆Bに宿泊することになっていた。直前、これも「首の痛み」をネットで検索して見つけた、指圧とハリの名医のところで、応急処置。少し軽くなったのを実感してから出発。でも右の首の奥にいつも鈍痛があった。だから、首のぐるぐる回しはできない。ふりむくときも、首だけでいきおいよく後ろを見ることはできなくなっていた。

ホームステイスクールを経営しているのは四十代の夫婦。ご主人がイギリス人、奥さんがイタリア人で、この彼女は言語学の博士号をイギリスでとり、ヴェネツィアでイタリア語の教授法も学んでいるベテラン、三食付きだったが、料理、移動のための車の運転はご主人がしている。場所はアッピア・ヴェッキア街道に沿ったところの別荘地で、車でないと移動できない。

ローマまで出迎えにきてくれて、およそ、一時間半のドライブ、高速を抜けてカステッリ・ロマーニの丘陵地帯に入っていくと、アルバーノ湖、ネミ湖など、息をのむほどの景観が望める。紅葉の跡がまだ残っていて、最盛期にはどれほどの色彩模様が広がったのか想像ができた。何度か車をとめて写真もとり、さすが法皇の別荘地だと感動しきりであったが、目的地のヴェレットリは一番奥、ご主人ジョーさんの運転はあのヴィンチのアレックス氏のおだやかなハンドルさばきとは異なり、まことに激しいので、かなり首にひびいた。

着いた先は五千坪の庭に、オリーブや果樹がいっぱいあり、ジャーマンシェパードと三匹のネコが出迎えてくれる、家庭的で居心地のよい別荘風の家だったが、難を言えば、門の外は車道だけで、店とかはまったくない、散歩に不適当な近隣だということ。奥さんのフランチェスカはただただ教師の役のみ、炊事、家の管理、車の運転はすべてジョーさんがやっているらしい。でも料理はすこぶるつきのおいしさで、不満はなかった。それにゆったり浸かれるバスもある。その日の疲労はすべて流せたという感じ。

フランチェスカのレッスンは半地下のゆったりした教室であり、まことに熱心に教えてくれるのだが、板書が多く、首の疲れがひどくなった。英語も通じるので、どんどん希望を出して、教え方にまで注文をつけ、自分の好みの授業にしてもらったが、やはり個人レッスンは自分にだけ集中されるので、緊張するせいか、疲れが倍加した。

私が首の痛みのことを話したら、なんとフランチェスカも同じ痛みを持っているのだった。パソコンのクリックのせいだと言っていた。レッスンはたいがい午前中の二、三時間、そのあと、名所、旧跡に連れていってくれる。近隣の場所は車でまわる便利さを感じたが、ローマへ出かけるときは往復三時間以上にもなるドライブの、まさしく遠距離感が身にこたえた。ローマに入ってからの交通渋滞がハンパじゃないからだ。

ようやく地下大駐車場にとめたあとは、ただただ歩く。ボルゲーゼ公園から、カンピドーリオ広場まで雑踏をぬけながら歩くと、目的地に着いて丘からパノラマを眺め、ミケランジェロの設計の美しさを目に焼きつけているあいだも、ああ、またあの道を戻らなければならないか、という気重がつきまとってはなれない。車生活の大変さを目の当たりにさせられていた。

ジョーさんはマナーがゆるいイタリア人にいつもイライラしていて、それが運転にあらわれている。だからすばやく路上パーキングの空きを見つけて車をもぐりこませたり、抜け道を縫うように運転することが非常に巧みではあっても荒っぽい振動を生むのだ。それでも七時ごろにやっと家にたどりついてから、キッチンに入り、手抜きをすることもなく、野菜を一杯入れたズッパや、リゾットを食べさせてくれる。いつも私の首のことを気にかけてくれて、声をかけてくれることも忘れない。フランチェスカが語学教育に専念できて、生徒獲得をスムーズにできるのも、このジョーさんの心くばりと支えがあってこそだと思った。

一週間のコースが終わるまえに、ジョーさんを休ませてあげたくて、私がキッチンに立った。二人とも日本料理が好きなのだが、ここでは素材が手に入らないので、我が家の定番料理、ドライカレーを作ろうと思ったのだ。カレーパウダーは持参していた。あと必要なのはブタのひき肉、ピーマン、レーズン、玉ねぎ、トマトジュース、そしてスープ炊きにするライスに使うクミンシード。どれも難なく用意され、おまけに日本製の炊飯器もあったので、とても楽に料理できた。玉ねぎのみじん切りを色づくまでいためたため、カレー粉と塩をからめた肉、ピーマンのみじん切り、レーズンを加え、トマトジュースでじっくり煮込む。ライスはなまのまま、玉ねぎみじん少々をいためめ、クミンシードをくわえ、あとはスープで炊く。できたドライカレーをライスにからめて食べるというもの。いためるのにすべてオリーブオイルを使ったせいか、出来上がりは上々で、とても喜ばれた。

帰国後も首の痛みはひどくならずに済んでいたが、年末年始の重労働のあと、二月に再発、『首と肩の痛みをとる本』の著者のペインクリニックに通うようになる。クスリを飲んだり、レーザーをあてたり、ハリを打ってもらったり、ともかく自分の痛みを自覚し、自分でコントロールすることだと言われ、なるほどと思った。

今回の骨折でペインクリニックまで通えなくなったが、三週間までは首の痛みは出ずにすんでいた。だがギプスの足を高くして寝ていると、寝相が不自然になるので、その疲れと、歩行器や松葉杖で肩を使った疲れがたまって出たのか、ある日の朝、また再発した。とりあえず首から下の凝りをとることだと、直感したので、応急手当で、近くの中国気功マッサージに行く。あなたの痛みは骨から来るものじゃない、筋の疲れだ、とその治療師は言い、巧みな手さばきで五十分、全身をもみほぐしてくれた。右首の奥にまだ鈍い痛みは居座っているが、その後二週間、あまり痛みを気にせずに生活できた。

痛みというのは主観的なもので、楽になった、軽くなったというのは本人だけがわかる感覚である。整形外科やペインクリニックはマッサージに否定的だけれど、肩こり、パソコン仕事の背筋の凝りなどは、やはりマッサージが手っ取り早いと思う。私の年齢で、頚椎の老化が治癒するわけはないのだから、痛みをどうすれば軽くするか、日常生活に支障がない程度にとどめるかを自己決定するしかない。そのためには体調に敏感になって体が欲求する治癒方法を探りつつコントロールしていくことかな、と思っている。

第七章　着ギプス

五日後、おっかなびっくり病院へ行く。あまり安静にしていなかったから、快方に向かっていないかも、とやましい気持ち。だが腫れはひいていていてギプスＯＫであった。擦過傷もよくなっていて、これなら大丈夫、と言われ、ほっと安心。かかと、ちょっとついてもいいでしょうか？　トイレのとき大変なので、と言うと、意外にも、ああ、もうかかとだけじゃなく、足ついて大丈夫ですよ、という応えで、天にも上る気分。松葉杖は返却することにした。歩行器と、杖と、キャスター付き椅子でなんとかなるだろう。

そっとかかとをついて杖で支えながら歩いてみる。でも硬い長靴のようなギプスの上の部分が骨に当たって痛い。やはりできれば歩くのを避けるべきということだろう。血の巡りが悪くならないように、足はできるだけ高く上げて寝るように、とのことだったが、実際にやってみると楽なものではない。とりわけ寝返りが厄介。足をもたせているクッションがすぐずれてしまう。寝つきも悪く、ついついラジオ深夜便に耳を傾けることになる。

ギプスが無事ついたことで気がゆるみ、娘の頼みを引き受けてしまった。三日後のピアノの発表会に孫娘が着るドレスを縫ってほしいのだという。洋裁はかなり得意である。三十年前のアメリカ生活のとき、型紙がたやすく手に入ったので、娘と私の日常着はほとんど手作りだった。そのときのミシンが息絶えるように、突然動かなくなって一年、次のミシンをまだ買えずにいる。よい家庭用ミシンを探すのがいかにむずかしいか知ったからである。

三十年のあいだにミシンもデジタル化して、軽量型のよいものが出回っているものだと思いこんでいた。　万円台の安い製品もそれなりに使えるのだと信じていた。ところが、いざそういう種類の　台を購入することにしたら、なにやら怪しげな二人組がやってきたのだ。一人は化粧の濃いソバージュの中年女性で、やたらとそのミシンをけなすのである。一年もつかどうかわかりませんよ、故障しやすいんです、厚地は縫えませんからね、重みがないから耐えられないんです……。相棒は真面目そうな男性で、私の古いミシンをさわり、すぐにどこが故障したか見抜いて解説。長持ちするミシンがほしいなら、こうでなくてはいけないと技術的な説明をして、十数万以上の高額なミシンをすすめる。

私、インターネットをよくのぞくから、もう少し調べてから決めたいわと言ったら、急に弱腰になって、じゃあやめてもいいですよ、と割合あっさり契約書をひっこめて引き揚げて行った。あとでネットをのぞいたら、手口がそっくりの売り込みが横行していたのだった。

ミシンの性能に関して彼らの言ったことはあながち嘘ではないかも知れないが、一万円台と十数万円台のあいだにもう少し安い、直線縫いとジグザク縫い、ボタンホールかがり程度の機能を備えたミシンもあるのではないか、と思い、探してみたのだが、ぴったりのものがみつからない。そこで思いついたのが、娘のミシンを借りるということ。彼女はほとんど使っていないので、我が家においても困らないという。骨折のまえにミシンは持ちこまれていたのだが、メカ能力が弱いので、新しいやり方を覚える気がなかなか起こらないまま、今に至ってしまったのだった。

国産のジャノメのミシン、十分重量があって、安定している。足は一切使わず、すべて手の操作。ボタンを押すだけで動きだすのだが、スピードの調整も簡単、なんと糸通しまでついている。何度か試し縫いしてみて、モーターの音が軽やかなのに、うれしくなってしまった。前のミシンはいつも糸調子と音を気にしていたのである。私の嫁入り道具はほとんど母任せだったが、娘はすべて自分で選んだ。洋裁も習っていなかったのに、上手な買い物をしたものだ。

ドレスのスタイルは三十年前のアメリカ製パターンを参考にする。子供服に流行はあまりない。紺の水玉のドレスで、赤で縁取りをした段々スカート。トップも襟ぐりと袖ぐりに同じ縁取り。ウエストにパイピングと同じ赤で細く長いベルトをつくりアクセントにする。ミシンは一度も失敗もなくスムーズに動き、一日半で仕上げた。娘と孫が歓声をあげたので満足する。こんな楽しみが味わえたのも、骨折のおかげだ。スケジュール一杯の外出の合間にしていたのだったら、これほど集中できなかったかもしれない。

自分の部屋の雨戸も開けられない状態から脱し、ともかく最小限度、自分のことは自分で出来るようになった。疲れたら、すぐベッドに横になるようにして、バランスをとっている。外出は週一度の病院だけである。時間のやりくりはどうにでもなるのだ。一番頭を使うのは夫と共にする三度の食事である。

朝食は私がリンゴ入り野菜ジュースとシリアル、夫は卵料理を自分でつくる。昼は麵類かお茶漬け、またはトーストとサラダ、問題は夜だ。夫はトリと魚が苦手、私はそれが好物、あっさりしたものが好きなのだけれど、牛、ブタ肉、エビ、イカだったら二人とも好きなので、その辺で折り合いをつける。

昼にご飯物を食べたときは夜パン食、パスタ、野菜の沢山入ったスープなどにしたいのだが、連れあいがそれに合わせるわけではない。七十を過ぎると単純なものが食べたいんだ、スパイスなんぞは要らない、なんて言われると、イタリア料理大好きな私は悲しくなる。トンカツ、ハヤシライス、ブタの生姜焼き、ギョウザなどをつくっておけば機嫌がいいが、私は食べたくないときもある。お互いを思いやりながらも、妥協ばかりではストレスがたまる。買い物は全部、彼にしてもらうという負い目があるので、別々のものをつくるという面倒を避けがちになる。

この先展開するかもしれない老後の日常の一番肝心な部分を、今回思いがけなく体験することになった。

第八章　脱ギプス

　四週間も経つと、指だけ出ている半長ブーツのようなギプスが、足かせのように感じる日が多くなってきた。キャスター椅子も歩行器もほとんど使わなくなって、杖をついての三本足生活に慣れてはきたものの、これは屋内だけのこと。マッサージを受けに外出したとき、夫の車の迎えを待つあいだ、診療所の一軒おいて隣の店をのぞこうとしたのだが、その移動にすごく不安をおぼえた。付近をすたすた歩いている人たちとはまったく異質の状態である自分を意識し、無防備感に圧倒されてしまったからだ。

　脱ギプスの日の前前日には杖の置き場所を忘れていることが多かった。それだけ足に力が戻ってきたということだろうか。夜ベッドに入ってから、ギプスの中が異様に痒くなってくる。『裏窓』という映画で、ジェームス・スチュアートが孫の手を使って掻いていたのを思い出す。私が使ったのは、中国製の象牙のペーパーナイフ。ほどよい硬さで、かき心地もよかった。

さて病院に向かう当日、一番はきやすい、ひもなしのウォーキングシューズを選び、右足だけはいて、もう片方と靴下の片方とを袋に入れて夫の運転する車に乗り込んだ。きょうこそはお風呂に入れる。リハビリなしとのことだったから、コンビニまでぐらいなら、一人で買い物に行けるかも知れない。期待に胸がはずんだ。

小型電気ノコギリで二箇所裂かれて、あらわれた左足はなんだか、弱々しく見えた。素足にスリッパをはいて、杖で支えながら、一足一足ふみしめるようにしてレントゲン室に行く。足元はやはり頼りない。これはよほど気をつけないと……。

出来上がった写真を見せながら、医師はまだ完璧とは言えないので、強化ホータイを巻いておきましょう。いまが一番大事なときです。くれぐれも転ばないように、ひざを曲げないで、小幅で歩いてください。階段も一段ずつですよ、と言った。電車の外出は？　と訊くと、あと二週間ぐらい先、とのこと。包帯の厚みで靴ははけない。単独外出はまたお預けになってしまった。

「あーあ、がっかりした」とぼやく私に、歴史小説や時代小説を読みあさっている夫が言った。「徳川家康が言ってるじゃないか、百里の道を行く者は九十九里をもって半ばとすべし、って」。そう、イタリア語で言えば「ピアーノ、ピアーノ」だ。

家の中をペンギンのようによちよち歩く。でもようやく二本足になったのだ、感謝しなければ。お風呂は大きなため息が出るほど、気持ちがよかった。ラジオ深夜便は必要とせず、ベッドに入るなりバタンキューッで眠りについた。

再び一週間後、後ろがベルトになっているサンダルをはき、夫に車で送ってもらい、あとはひとりでゆっくり歩きながら整形外来へ。またレントゲンをとる。こんなに何度も撮って害はないのだろうか。写真はほとんど完璧だけれど、と言って、医師は骨折場所を手でおさえた。やはりまだ鈍い痛みがある。まだ包帯は巻いておいたほうがいいでしょう。でも一人で外出してもいいですよ、重いものはもたないように、電車はやめておいたほうがいいけど、とのこと。

病院の帰り五週間ぶりにスーパーへ行く。なんておいしそうなものが一杯あるのだろう。骨折前より品数がふえているみたい。カステッロの一口分のチーズまで売られているのに驚く。キムチが食べたくなって買った。五種類ぐらいあるうちから、軽井沢キムチというのを選んだ。そう、この選ぶ楽しみが奪われていたのだ。夫の判断任せにせざるを得なかった。ドライフルーツのブルーベリー、そんなものどこにもなかったぞ、といわれていたのだけれど、すぐ見つけてカゴに入れる。夫はその日の買い物をできるだけ最小限にすますというやり方。私は先のことも考え、少々無駄であっても最小限度ではない買い物をする。その違いが積もり積もって口げんかすることも多々あった。なにしろ、きょうは出かけるから夕食は食べないわ、などという逃げができない五週間だったのだ。

翌日一人で、ホームドクターのところに、高脂血症のクスリをもらいに行く。念のために、杖をつきながら、ゆっくり歩いて行った。いつのまにか空き地になっているところが眼に入る。それから新しく建った家なども。帰りに玉子と牛乳を買いにコンビニに向かう。わずか一〇〇メートルの距離がすごく遠くに思われた。やはりまだ普通じゃないんだ。

でも最初病院に行ったとき、二ヶ月目もまだ松葉杖だといわれたことを思えば、順調以上の経過だと喜ぶべきだろう。

第九章　秋晴れがまぶしい

脱ギプスから二週間、もうかなりしっかりと遠距離を歩いている。靴には特に気をつけている。足首がしっかり締まるようなウォーキングシューズ。バッグはいつも斜めがけ。当分のあいだショルダーバッグは持つつもりはない。信号の手前で、青が点滅をはじめたときは渡らない。骨折のまえは走って渡っていたのに。歩いているときは歩いていることを考えている。心をできるだけ上の空にしない。だから、秋晴れを思いっきり楽しんでいるわけではない。患部の近辺はまだにぶい痛みがあったり、腫れていることもあったり、瞬時の痛みが走ったりすることもある。

　二週間目のきょう、整形の担当医はレントゲン写真を見ながら言った。まだ完璧にくっついたわけではありませんからね、くれぐれもひねったりしないように、でももう電車に乗っていいですよ……、それなら四谷のブリッジクラブまで行こうかという、ウキウキ気分は湧いてこない。すっかり出不精になった自分を感じている。あと一ヶ月先に予定している七回目のイタリア一人旅までに、少しずつ足ならしをしなければならない。

それにしても整形外科の待合場所になんと老人が多いことか。夫の車椅子を押している女性。杖をついた妻を支えながら歩いている男性。立ち上がれない母親を引っ張り上げるようにして立たせて車椅子に乗せている息子。そして自分が呼ばれるのを待っている暗い顔つきの中年以上の人たち。その人たちに感情移入できる自分を意識している。それでもようやくあまり目立たぬ患者の一人となってその中にいられるのだ。二ヶ月まえはベンチにも坐れず、車椅子に乗って廊下の隅で待っていたのだから。

足の自由を奪われて、二ヶ月間の予定をすべてキャンセルしたとき、本心では、これで全部が自由時間だという安堵感のようなものが、落胆より少し上回っていた。これまではイタリア語のレッスン、会合、ブリッジの試合など、種々の外出の合間に家事をしていたようなものだった。毎日在宅せざるを得ないのだから、生活を見直すよい機会かもしれないと思った。だが、実際不自由なからだをかばいながらの一日はほとんど余裕もなく、最初の一週間は夫に介護されてやっと暮らしていたようなものだった。じっと坐っていると目配りが利き過ぎて、家の汚れがやたらと目に付く。これまで通り一遍にしかしていなかった主婦業を思い知らされた。

移動に時間がかかるから、生活のリズムはスローこの上なく、三度三度の食事に追われて一日が終わってしまう。食事時間だけは以前と同じ速さなのに、献立をたて、買い物を頼み、手伝ってもらいながら、料理をするのに長時間を費やす。夫とは食べ物の好みが異なるので、献立がたてにくいと思い込んでいたが、二ヶ月単独外出なしで、外食もすることなく、暮らしているうちに、折り合い方を会得できたようだ。

ある晩、夫が「こういう食事はいいなぁ」と吐息をついて言ったメニューは、ゴボウ、ニンジン、シイタケ、レンコン、シラタキの入った五目キンピラと、味噌豆、庭で掘ったばかりのミョウガとショウガを細かく切ってキュウリに混ぜた即席漬物、あとはシソコンブの佃煮とラッキョウ、大根の千切りの味噌汁、それに夫が自分で選んで買ってきた刺身ワンパック。

一方の私は、急にペンネアッラビアータが食べたくなって、冷凍してあった、主人手作りのミートソース（これはいつも絶品である。それに夫はかなり大量につくるので冷凍庫には必ず二、三パック保存できている）をとかし、ニンニクとタカノツメをオリーブオイルでいためマッシュルームを加え、手早くこしらえたものに、インゲンのバターいためをそえ、たっぷりのパルメジャーノをかけて満足の夕食。要はおいしくなぁれ、おいしくなぁれ、と祈りながら、いため、混ぜ、煮込み、料理した常備菜が十分にあれば夕食のメニューはこと足りる。

電車に乗る外出許可が出た日の夕方、娘が電話してきた。お隣からクリをもらったので、クリご飯を炊きたいのだけれど、炊き方をおしえてくれ、という。よかったら、食べにこないか、というので、二つ返事で出かけた。自由が丘の雑踏を抜け、緑ヶ丘に近い目的地まで歩く。いまにも足を踏まれそうで不安。車が絶えず行き交う信号なしの通りを渡るのもおっかなびっくり。ようやく着いたら、ぐっと疲れが出た。孫息子がラジオの基礎英語を聞いている。「anotherとotherの違いがよくわからない」と言ったら、すかさず、英語教師をしている娘がぺらぺらと例文をあげて違いを説明した。

昔、私も英語教師だったがああいう即答はできないな、と思った。クリご飯が炊けるまで合同演奏会が近いので練習するといって、音楽教師でもある彼女はピアノを弾きに階下に降りていった。ラフマニノフが聞こえてくる。私も相当ピアノは弾いたが、あれほどには弾けない。

クリご飯はシメジと油揚げが入ってよい味だった。ナメコの赤だしも申し分ない。サンマの塩焼きと酢の物もついている。結婚前の娘は夢の島みたいな散らかった部屋で暮らしていた。料理もまったくできなくて、ファーストフードばかり食べていた。それが主婦となって十三年、二人の子供はもう中学生と小学五年、手もかからなくなった。夫に先立たれシングルマザーとなってから、一時はカウンセラーが必要ではないかと思うほど、精神不安定のときもあったが、その時期を乗り越え、いまは自信がみなぎっている。

現在も週末は我が家に孫たちが泊まりにくる。娘が夜の英語クラスを教えに出る日は夫が留守番に訪れる。この十余年、途絶えることのない孫たちの世話は、苦労だと思えるときもあったが、その継続が祖父母にしか味わえない子育ての達成感をもたらしてくれたように思う。娘はいつのまにか母親の私を超えていた。生活の種々の場面での家事技術の授受が徐々に終わろうとしている。

これまで英語教師や日本語教師や翻訳業やらを経験してきたものの、見える評価の得られない家事労働がついついなおざりにされがちだった。いま家事技術の授受ができていることの認識の中に、報酬とは比較にならない喜びも得られるということがわかってきた。主婦業にも定年があったらいいのに、と思ったこともあったが、今回の二ヶ月の逼塞《ひっそく》生活で、生きていくための原点を悟ったように思う。イタリアの一人旅はとりもなおさず大地にしっかりと足をふみしめて歩くことだった。暮らすように旅をしたかったのは、生きることの意味を悟りたかったからだ。足を使うこと、手を使うこと、そして考えることが、人生の最後の日までできるように、死ぬまで家事ができるようでいたい。イタリアのパドローナたちがそうであるように。

一人旅は早晩、終わりを告げるだろう。だが老いを意識しながらも家事をすることはあきらめない。それが生きていく上での根幹をなす技《わざ》なのだと思うからである。

おわりに

水瓶座は孤独を好む。

娘からバースデイブックをもらい、この言葉を見つけたとき、なるほどと思った。一人旅がしてみたい、といつも思っていたからだ。だが、外国で一人旅を長く続けるのはさみしい。人々との交流があって、何かを学びながら、暮らすように旅をすることができる方法、それがホームステイだった。

イタリアでは、イタリア語を学ぶ努力をすれば、その望みはかなえられる。

今回七度目の一人旅は、足の骨折が癒《い》えてからの再生の旅であった。ローマの北の住宅地、ピアッツァ・センピオーニを見下ろす丘の上のホテル住まいだったが、八日間のステイでさみしい思いをせずにすんだのは、ホームステイ経験で得た知恵を生かすことができたからである。毎日広場にメルカートがたち、日用品を買い求めることが出来、レストランで食事をしなくても、ターボラカルダであたためてもらった惣菜とパン屋のフォカッチャで程よい量のおいしい夕食が食べられたし、荷物がふえれば、郵便局で小包み用の箱を求め、余分の衣服などを日本に送り返すこともできた。

夜はブリッジのレッスンやゲーム、終わったあとも手作りのパスタやリゾットがふるまわれ、人々が一日の最後の一瞬まで楽しもうとするのが感じられた。

広場から発着する六〇番というバスに乗れば、チェントロ（街の中心）のどこにでも行くことができる。バスの中では、アナウンスもないし、停留所の表示もないから、初めて乗る者はドライバーに訊《き》くか、親切そうな乗客を選んで問いかけるしかない。旅人が乗ることはないのだろうか、私のように戸惑っている人はだれもいない。だが問いかければ、降りるべき停留所のまえで声をかけてくれたり、自分が先に降りるときにはあといくつ目だとおしえてくれたりする親切が返ってくる。乗客はみな毎日同じ生活を繰り返し、着実に、とどこおりなく一日を終えようとしている人ばかりだ。東京のバスとあまりにも異なる状況をあきれるより、それだけ同じ日常が定着し、受け入れられているという事実に驚いたのだった。

五つ星のホテルに滞在し、出かけるときはハイヤーかタクシー、食事は高級レストラン、美術館はガイドつきという旅もあるだろう。だが、人々の暮らしの中に入って眺められる、自分の身の丈に合った旅から得るものは大きい。イタリアの街で発見する、生きることへのひたむきな気持ち、実直さを私は好ましく受け取るのである。

自分の書きためたものを一冊の本にしたいと思いたったものの、第一部を書いたあと、筆が途絶えた。第二部を書き上げることができたのは、足の骨折という不慮の事故のおかげである。一人の外出が叶わなくなったとき、生身の自分と向き合う時間がたっぷり与えられたからだ。老いの道筋には病やケガが待ちかまえている。だがそれは生活習慣を改めることへの示唆を受けるときでもある。しっかりと向き合って再生を誓えば、より賢い生き方を悟る。このののちのサバイバルを可能にするために、突然の試練にいかに立ち向かったかを、どうしても書き残しておきたかった。不思議なことに足の骨折のあと、首の奥に居座っていた痛みが消えてしまった。体の老化に伴う痛みも対処をしていれば、治癒とは別のおさまり方でその年齢並の体調が形成されていくのだろう。

出版にこぎつけるのはたやすいことではなかった。持ち込み原稿を丹念に読んでくださり、元就出版社を紹介してくださった潮書房光人社の牛嶋専務に、あらためて深謝したい。

ゲーテは「イタリアというあまりにも大きな学校に入学してしまったため、まだ卒業できないでいる……」と書き残しているが、私も入学が遅すぎたので、心を残しながらも中退することになるのだろう。だが八度目の一人旅はいよいよ南に進出、海の見えるホームステイを計画中である。

イタリアを知ってから多くの出会いがあり、共感に感激し、情報交換に喜びを得た。中でも同世代の一人旅の達人、桑田きく子さんからは、列車やホテルやオペラのチケットなどをネットから手配する方法や、ＰＣの管理のコツまでお知恵を沢山いただいた。心からお礼申し上げたい。

そして最後に、旅の実現に協力し、留守をしっかり引き受けてくれる寛大な夫、河内洋一にとびっきりのグラーッツィエを！

二〇〇六年十二月　　　著者

【著者略歴】

河内和子（かわち・かずこ）

1938年生まれ。

日本女子大学文学部英文学科卒。

1969年から1972年まで夫の駐在に伴いアメリカ合衆国イリノイ州エバンストン市に在住。その間、ケンドール・カレッジにて、女性学講座及びTESL（外国人のための英語教授法）講座修了。

帰国後、AJALT（國際日本語普及協会）にて日本語教師、自宅で英語教師を十余年従事。その後翻訳業に転じ、約十年間小説の翻訳に従事。V. C アンドリュース『炎に舞う花びら』上下、『屋根裏部屋に還る』（共に扶桑社）、B•J オリファント『藪の中の白骨』『予期せぬ埋葬』（現代教養文庫）ほか訳書、23冊。

ホームステイのイタリア・ばぁばの一人旅

2007年 3 月30日　第 1 刷発行

著　者　河　内　和　子
発行人　浜　　　正　史
発行所　株式会社　元就《げんしゅう》出版社
〒171-0022　東京都豊島区南池袋4-20-9
サンロードビル2F-B
電話　03-3986-7736　FAX　03-3987-2580
振替　00120-3-31078
装　幀　純　谷　祥　一
印刷所　中央精版印刷株式会社

※乱丁本・落丁本はお取り替えいたします。

ISBN978-4-86106-151-6　C 0026

国境を越える旅

西ヨーロッパ

内田正浩

作家であり医師でもある著者が三回の欧州留学経験をもとに執筆した、ヨーロッパを知りたい人のためのガイドブック。15軒のミシュラン星付きレストランや、主な見所も掲載。

定価一八九〇円（税込）

ヨーロッパの田舎はこんなに楽しい！

魅惑の国トルコ紀行

篠原昌史

魅惑の国トルコ。古代トルコの歴史、エフェスで展開したハイレベルの文化生活、地下都市の構築。大自然の宝庫オーストラリア。バース、エアズロック、ブルーマウンテンの美。

定価一四七〇円（税込）

大陸オーストラリア駈け歩る記

365日の哲学

解題「いつでもソクラテス」

内田賢二

「人間は生まれながらにして壊れている。人生とは修復の旅である」――人生とは、人間とはを自らに問いつづけ、人間観察と哲学的瞑想の歳月を経て紡ぎ出された智恵の宝庫。

定価二一〇〇円（税込）

やさしい幸福論。誇り高き精神の貴族に捧げる。